时代发展视域下的

高校文化育人工作研究

李佳穗 ● 著

新华出版社

图书在版编目（CIP）数据

时代发展视域下的高校文化育人工作研究 / 李佳穗著 .
-- 北京 : 新华出版社 , 2025. 4. -- ISBN 978-7-5166
-7944-9

Ⅰ . G640

中国国家版本馆 CIP 数据核字第 2025BX5405 号

时代发展视域下的高校文化育人工作研究

作者：李佳穗
出版发行：新华出版社有限责任公司
　　　　　（北京市石景山区京原路 8 号　邮编：100040）
印刷：山东华立印务有限公司

成品尺寸：185mm×260mm　1/16　　　印张：14　字数：210 千字
版次：2025 年 4 月第 1 版　　　　　　印次：2025 年 4 月第 1 次印刷
书号：ISBN 978-7-5166-7944-9　　　　定价：68.00 元

微店　　视频号小店　　抖店　　京东旗舰店

  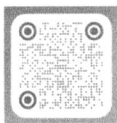 

微信公众号　　喜马拉雅　　小红书　　淘宝旗舰店　　扫码添加专属客服

序 言

中华文明，如江河奔涌，千年不息，其根脉深植于《诗》《书》的吟哦，其魂脉激荡于《义勇军进行曲》的铿锵。玉溪师范学院马克思主义学院（以下简称学院）秉承"立德树人"之初心，以"吟唱中国"为精神纽带，将"吟"与"唱"凝练为探寻民族文化基因的双翼——吟诵经典，寻根脉之厚重；传唱国歌，铸魂脉之刚毅。此二者一柔一刚，恰似中华文明的双螺旋，又似黄河与长江的奔涌，交织出民族精神的璀璨图景。

"呦呦鹿鸣，食野之苹。我有嘉宾，鼓瑟吹笙。"《诗经·小雅·鹿鸣》的吟咏，不仅是上古礼乐的余韵，还是一把打开中华文化密码的钥匙。《诗经》是中国文学的源头，更是民族精神的原始密码。《诗经·小雅·鹿鸣》以宴饮之乐，寄寓"和乐且湛"的礼教理想，其声韵如清泉流淌，浸润着先民对和谐社会的朴素追求。玉溪师范学院和玉溪师范学院附属小学以"吟诵"为舟楫，将经典从典籍中唤醒，通过声律的抑扬顿挫，让学子在唇齿间感受《诗经》的韵律之美。

学院通过传统文化课程群建设等活动，将吟诵融入日常教学。学生以声传情、以情化境，在《楚辞》的悲壮、《论语》的睿智中，体悟中华文化"修身齐家治国平天下"的格局。此般浸润旨在引领青年一代明确自己肩负的责任。

玉溪是人民音乐家聂耳的故乡，亦是革命音乐的沃土。1935年，聂耳创作的《义勇军进行曲》，以雷霆之势唤醒了沉睡的民族，为烽火中的中国注入灵魂，其旋律如雷霆，歌词如战鼓，其旋律中跳动的是"不愿做奴隶"的怒吼与"万众一心"的信念。学院深挖这一本土红色资源，构建"一研四传"模式：以学术研究为根基，通过传承红色基因、传习革命传统、传播动人故事、传唱爱国歌曲四条路径，让"为党奋斗、为国而歌、为民呐喊"的聂耳精神扎根当代，让"起来！""前进！"的国歌精神生生不息。

2020年，习近平总书记考察云南时强调，要讲好"聂耳和国歌的故事"。

新时代以来，玉溪师范学院积极回应总书记的要求和期待，于2020年设立聂耳和国歌研传基地，并致力于将其建设成为全国性的聂耳和国歌理论研究高地、学术交流园地、文化宣传阵地、文艺展演基地。2024年，基地被命名为教育部红色文化弘扬基地、云南省社科普及示范基地，入选云南省首批云岭思政教育品牌。学院创建"一研四传"讲好聂耳和国歌故事大思政课育人品牌，以"开路先锋"党建品牌、"为社会而生"学术品牌、"为国而歌"课程品牌、"国歌声中成长"育人品牌、"国歌唱响国境线"实践品牌、"时代先声"文艺品牌为依托，为促进海内外中华儿女大团结和推进中国式现代化贡献新征程上的"玉马力量"。

《诗经·小雅·鹿鸣》的礼乐精神，与《义勇军进行曲》的革命意志，看似相隔千年，实则血脉相通。前者强调"和"，后者崇尚"刚"，二者共同构成中华文化的完整人格，既有"谦谦君子"的温润，又有"血战到底"的刚烈。二者跨越时空，在此交汇，构成"吟唱中国"的灵魂，以经典为根，以精神为魂，让文化血脉在当代焕发新生。

学子行走于校园书法艺术长廊，在"天行健，君子以自强不息"的碑刻前驻足，于银杏林旁提笔挥毫，以墨香呼应诗韵。学院还组织"四只耳朵"社会实践团行走中老、中缅、中越边境，在界碑旁唱响国歌，共升国旗、同描界碑。"吟唱中国"，是寻根，亦是铸魂；是回望，亦是前行。当《诗经·小雅·鹿鸣》的雅音与《义勇军进行曲》的壮歌交织，当经典诵读的琅琅声与国歌奏响的铿锵韵共鸣，我们便听见了一个民族从历史深处走向未来的足音，亦望见了其向星辰大海奔赴的身影。二者跨越时空，在此相遇，既是对历史的深情回望，又是对未来的庄严承诺。

本书系既是学院的文化答卷，又是红土儿女的文化宣言。愿每一个翻开书页的人，皆能从中触摸文明的根脉，汲取精神的力量。愿此书系如星火，点燃更多心灵，成为时代强音，助中华儿女在文化自信中书写新的盛世华章，共筑一个"各美其美，美美与共"的盛世中国，将"吟唱中国"的故事传向世界。

吟诵与传唱，似中华文明传承的双螺旋；根脉与魂脉，是中华文明的双重叙事。以声为舟，溯文明之源；以梦为马，答时代之问。这就是学院"吟唱中国"书系的初心。

（时遂营，教授，玉溪师范学院马克思主义学院院长）

前　言

在全球化深入发展、社会变革加速的时代背景下，文化的力量越发凸显。高校作为知识传承、创新和人才培养的重要阵地，进行文化育人的重要性不言而喻。随着社会的进步，人们对高等教育的期望日益提高，不仅要求高校传授专业知识，更期望其能培养出具有高尚道德情操、深厚文化底蕴和强烈社会责任感的人才。文化育人能够帮助学生树立正确的世界观、人生观和价值观，培养其创新精神和实践能力，促进学生的全面发展。同时，高校文化育人也是传承和弘扬优秀文化传统、推动文化创新、提升国家文化软实力的重要途径。

当前，高校文化育人工作存在一些问题。在理念层面，对文化育人的重视程度不够，部分情况下仍将主要精力放在学术研究和专业教学上，未能充分认识到文化育人对学生成长和社会发展的深远影响。在实践层面，文化育人的内容和方式较为单一，缺乏针对性和吸引力。一些高校的校园文化活动形式化严重，未能真正触及学生的内心世界；在将优秀传统文化、红色革命文化等融入育人工作方面，也存在融合不深入、方法不恰当的问题。此外，高校文化育人的机制尚不健全，缺乏有效的协调与保障机制，导致各部门之间协同不足，育人资源难以整合，影响了文化育人的效果。基于以上背景和问题，本书旨在为高校文化育人工作提供有益的参考和借鉴。

本书围绕高校文化育人展开深入探讨，分六章对研究主题进行分析。第一章深入挖掘高校文化育人的内涵、功能与意义。通过剖析其内涵，帮助读者理解文化育人在高校教育体系中的独特定位；梳理功能，展现其对学生成长与校园氛围营造的关键作用；阐述意义，凸显文化育人对高校长远发展与人才培养的深远影响。第二章聚焦高校文化育人的内在机制与文化建设。探究育人机制，揭示文化如何潜移默化地影响学生；论述高校文化建设，涵盖从理念到实践的全方位构建，为后续内容筑牢理论根基。第三章直面高校文化育人现存的问题，积极探索文化育人机制与途径。点明诸如育人方式单一、文化融合不足等主要问题，并有针对性地提出了创新机制与多元途径，力求突破现实困境。第四章详细阐述高校文化育人的主要路径，从精神文化的引领、制度文化的规范，到环境文化的熏陶、行为文化的塑造，为高校文化育人实践提供切实可行的操作指南。第五章构建高校文化育人的效果评价体系，给出实用的方法与策略，助力精准评估文化育人成效，实现持续优化。第六章立足新时代，开展高校文化育人创新研究。明确基本着力点，分析育人效应，探讨载体建设，聚焦高技能型人才培养下的文化建设，为高校文化育人注入新活力，推动其在新时代实现质的飞跃。

由于高校文化育人是一项复杂的系统工程，涉及众多领域和层面，加之本人学识有限，书中观点和内容难免存在疏漏与不足之处。在此，诚恳希望广大教育界同人、专家学者以及关心高校文化育人工作的读者，能够提出宝贵的意见和建议，以便在今后的研究和实践中不断进行完善。

目录

第一章

高校文化育人的
内涵和意义

随着经济的快速增长及公众素质的持续提升，社会对于教育价值的理解日益深化，高校在当今时代所承担的社会责任变得更为多元。高校始终将人才培育视为核心使命，但面对日新月异的时代变迁，确定培养目标的具体方向成为亟待解决的关键议题。文化作为维系民族凝聚力与推动社会发展的重要力量，在高等教育体系中扮演着不可或缺的角色，特别是在塑造全面发展的高素质个体方面发挥着关键作用。因此，强化校园文化的建设，并充分利用其独特的教育潜力，对于提升我国高等教育的整体质量具有深远影响。

第一节　高校文化育人的内涵

作为承载教育使命的社会机构，高校体现了人类文明所积淀的先进文化。从哲学视角来看，文化构成了高校发展的核心驱动力，而高校本身则是文化积淀与传播的关键平台，二者之间存在着相互支持、共同进步的关系。从根本而言，高校通过筛选、整理和吸收社会上的文化元素，形成了独具特色的文化体系，成为一种具有独特文化属性的社会组织。作为社会行动者之一，高校在长期的人才培养过程中积累了大量的教育资源，并孕育了独特的学术传统和学术精神，其特有的文化正是基于这些基础逐渐发展起来的。当这种文化形成并趋于稳定时，它会对在校学生的价值观及学习态度产生深远的影响，并为他们的成长提供坚实的支持。

一、高校文化

（一）高校文化的概念

随着高等教育体系的迅速扩展和教育质量的持续提升，高校内不断加深对文化价值的理解认识，并致力于塑造符合新时代要求的校园文化。在学术研究领域，有关高校文化的探讨日益受到重视，在学者的共同努力下，"高校文化"这一概念已发展成为具有特定含义的专业术语。对于高校文化的理解不应局限于将其视为校内各类文化现象的简单集合，而应视作在教育实践过程中形成的一种独特的社会文化形态，它蕴含着明显的教育特征及深刻的精神内涵。

文化的演进与发展是一个持续且逐步深化的过程。相应地，高校文化观念的塑造与成长，同样遵循着这样一个循序渐进的发展轨迹。

自 20 世纪 80 年代起，国内学者开始探索高校校园文化。初期，研究者对这一概念的理解较为局限，主要聚焦于校园内的文化艺术活动，而未广泛涉及其他方面。尽管如此，这一阶段的工作仍对构建我国校园文化的理论基础具有重要意义。

20世纪90年代，学者深化了对校园文化内涵的理解，将探讨提升至理论层面。在此过程中，诸如人文素质教育与通识教育等教学活动均被纳入高等教育文化的范畴中。

21世纪以来，我国学术界开启了对高校文化实践建设领域的深入探讨，并围绕这一主题开展了广泛的研究活动。在此期间，对于高校文化的定义也有了显著进展，通过综合考虑文化、亚文化、文化氛围以及精神环境等方面因素，学者为高校文化的理解和界定提供了更加全面的视角。

我们通过对高校文化发展历程的观察，可以发现其经历了从萌芽到发展再到成熟的三个关键时期：首先，校园文化的初步形成阶段。在这一时期，人们对于校园文化的理解主要集中在艺术与教育活动上。其次，发展阶段。在此期间，校园文化的概念逐渐扩展至人文素养的培养。最后，成熟阶段。这时，校园文化被视为促进学生素质全面提升的重要手段。

在高校文化从萌芽到成熟的过程中，涌现了许多具有标志性的见解。王冀生较早地涉足这一领域，依据我国高校文化发展现状对高校文化建设的核心内容进行了探讨与归纳。他提出，"高校文化是长时间积淀的产物，是在长期教育实践过程中逐渐形成的，体现着学校独特风貌的教学方法和价值标准"。眭依凡进一步解释道："高校文化涵盖校园内所有活动的集合，这些活动不仅包括精神层面的认知活动，还包括行为组织及物质建设等方面。"徐飞等学者则将高校文化界定为："大学通过筛选、整理、吸收社会文化，并结合自身特色与条件而形成的一种特有文化形态。"

考虑到文化理解的复杂性和多样性，我们对多位学者提出的关于高校文化的定义进行了梳理与综合分析，并从全面的角度来界定校园文化。根据我们的理解，高校文化是一种基于大学环境的独特组织文化形式，它代表了大学在长期发展过程中积累下来的所有物质与非物质财富的总和。这种文化财富主要体现在四个方面：精神层面的文化、制度上的规范、物质设施以及成员的行为习惯。如果要更广泛地讨论校园文化，则可以将其分为狭义和广义两种范畴。从狭义层面而言，校园文化仅限于其精神层面；而就广义层面而言，则还包括物质条件、行为模式及规章制度等方面。

（二）高校文化的主要特征

特征指的是某一事物特有的属性，这些属性能够揭示该事物在特定领域内的独特性质，并作为区分不同事物的基础。通过了解和掌握这些特性，我们可以更深入地认识并理解事物的本质，从而更好地总结其发展的一般规律。梁漱溟曾这样描述文化的特征："文化并非别的，乃是人类生活的样法。……生活上抽象的样法是文化。"高校文化的特点彰显了其与众不同的特质，使其成为区别于其他社会文化形式的重要标志。

1. 高校文化是高校的本质属性

作为一种特定的社会组织形式，高校的运作基于教育原则和组织管理的基本逻辑。作为具有文化选择、吸收、创新及传播功能的社会实体，高校在社会与教育的发展过程中，必须积极履行其文化使命，承担相应的历史责任。随着高等教育体系的不断进步，社会各界对高校在社会发展中的作用给予了越来越多的关注。在现代社会中，除了肩负人才培养、科学研究、服务社会以及文化遗产保护的任务，高校还应利用自身作为文化传播中心的优势地位，通过优秀的文化熏陶来影响并启迪大众，促进新时代文化观念的形成与发展。高校文化是在长期发展过程中积累下来的精神财富和物质财富，鲜明地反映了学校的特色，并对学校未来的发展方向起到了关键性的指导作用。可以说，高校的文化是其历史的生动写照，只有深刻理解这段历史及其所孕育的文化，我们才能更好地为高校未来的发展做出贡献。

2. 高校文化的核心是高校精神

高校文化的广义定义涵盖精神文化、制度文化、物质文化和行为文化四个维度。这些维度共同塑造了高校独有的文化特性和表达方式。其中，高校精神是在其长期发展过程中逐渐积累而成的，它体现了学校的教育理念、价值观及培养目标，凝聚了几代建设者、教职工以及学生的共同愿景。作为高校文化的核心价值所在，高校精神不仅是团结全校师生的精神纽带，还在文化形成过程中扮演着至关重要的角色，更是推动高校向前发展的关键动力之一。此外，这种精神对于在校学生的影响尤为深远，成为他们成长道路上不可或缺的一部分。

从长远发展的视角来看，高校精神对于学生的塑造作用最终将转化为推动社会进步与国家繁荣的重要力量。一所拥有独特魅力的高校，其背后必定蕴含着对高尚目标及坚定信念的追求；而一所享有盛誉的学府，则必然重视文化的培育与发展。高校精神不仅体现了高校的发展愿景和理想追求，也是驱动其持续向前迈进的内在动力源泉。在构建校园文化体系的过程中，制度文化作为连接物质、行为以及精神层面文化的桥梁，扮演着至关重要的角色。

3. 高校文化具有鲜明的学术特性

高校承担的学术研究职责，是由大学的社会角色及其组织架构所决定的。尽管大学由多个院系和研究中心组成，是一个综合性机构，但其根本目的是学科教育及专业研究。作为关键的科研平台之一，高校必须持续追求真理与知识，不断探索科学的本质。这使得高等教育的文化相较于其他类型的文化而言，更侧重于理论层面且层次更高。通过营造民主自由的研究环境，高校能够培养学生的独立思考能力，鼓励他们勇于挑战既定观念。科学研究对推动高校整体发展至关重要，同时也在促进文化进步的过程中发挥着重要作用。社会文化与校园文化的相互作用促进了科研活动的发展，而这些研究成果又进一步提升了高校的文化水平。

4. 高校文化以育人为本体功能

《大学》开篇指出："大学之道，在明明德，在亲民，在止于至善。"这一论述深刻地揭示了高等教育对人格塑造的重要作用，同时也强调了文化在构建良好社会道德环境方面的作用。东西方哲学虽然出发点不同，但在西方国家，尽管教育体系重视个体发展与成长，文化的教育价值却从未被忽视。个人社会化过程实质上是个体价值观和文化观逐渐成熟的过程。在此过程中，高校能够通过文化的传播、影响及融入等方式，促进学生形成正确的文化观和价值观。作为社会文化的一个组成部分，高校文化结合了社会与学校的育人优势，有助于学生建立科学的文化观和价值观。

（三）高校文化的基本结构

高校文化作为一种亚文化形式，其定义基于文化的外围特征而界定。这种文化形态的形成过程会受到外部文化因素的影响。目前，在如何理解高校文化结构层面的问题上，学术界尚未达成共识。从学术视角来看，对高校文化结构层次的划分方法较为多样，其中较为普遍的是"两分法"（即科学文化和人文文化）、"三分法"（即精神文化、制度文化和物质文化）以及"四分法"（即精神文化、制度文化、物质文化和行为文化）。本书在探讨高校文化时，选择了理论界认可度最高且覆盖面最广的"四分法"作为基础来进行讨论。

1. 高校精神文化

高校精神文化是在长期的教学与组织活动中逐渐形成的一系列独特的行为模式和价值标准，这些模式和标准得到了学生的广泛认同。它反映了高校文化生活中不可或缺的精神特质、价值观以及道德规范，集中展现了学校的整体精神面貌。在构成高校文化的四个层次中，精神文化处于核心位置，代表着深层次的文化追求，为学校各项活动的开展提供了强有力的精神支撑。

从哲学视角来看，高校的精神文化为学生提供了探索世界和获取知识的基本态度。这种文化是世界观与方法论的结合体，通过历史、现状及未来三个维度展现了高校独特的人文追求及其价值取向。从哲学意义上讲，校园文化代表了一种集体文化的提炼与融合，是在长期教育实践与组织活动中逐步形成的具有显著特征的文化氛围。高校精神文化的形成并非一蹴而就，而是经历了一个漫长的过程。在这个过程中，既有杰出人才的影响，也有普通学生的贡献；同时，优秀教师以及广大教职工的作用也不可忽视。在这些不同群体的共同作用下，经过长时间的发展和完善，高校精神文化逐渐形成了既有深厚历史文化积淀又兼具鲜明时代特色的独特风貌，激励着一代又一代的师生。

例如，哈佛大学的办学理念强调"求是崇真"，校训提倡"与柏拉图结伴，与亚里士多德同行，更与真理为友"。麻省理工学院致力于培养学生的创新能力。清华大学在历经百年的教育实践中，形成了以"自强不息、厚德载物"的校训为核心，辅以行动优先的校风，以及严谨、勤奋、务实、创新的学习风气，加上爱国奉献、追求卓越传统的独特的"清华精神"。上海交通大学将"饮水思源、爱国荣校"作为学校的指导思想。北京交通大学采用"知行合一"为其校训。这些办学理念、高校精神及校训不仅高度概括了各高校的精神文化，也深刻反映了它们在价值层面所承担的责任与使命。

2. 高校制度文化

规章制度是界定并调整组织内部各组成部分相互作用的准则。这些准则是长期稳定的行为规范，构成了高等教育机构正常运行的基本保障。制度文化基于大学的各项规定而形成，虽然源于具体规则，但拥有独特的文化特质。它展现了在校学生及教职工在学习与工作过程中遵循校规的自律性，其影响范围更广，约束力更为柔性，能够于细节之处对个人行为加以引导。优秀的制度文化受到高校精神文化的滋养和塑造，反映了高校强大的向心力及其成员的集体荣誉感。在高校文化体系中，制度文化占据着承上启下的位置，起到了连接精神文化与物质文化、行为文化的桥梁作用。高校制度文化的分类可以根据不同的基准来进行，下文将主要从两个维度对其进行探讨与阐释。

从高校与外界关系的角度出发，高校的制度框架由两个层面构成，每个层面都有其特定的制度体系。就外部环境而言，影响高校的主要制度包括国家制定的教育法律法规、促进学生发展的相关政策以及规范高校运作的各项规定。这些外部规则旨在规范高等教育机构的行为模式，并为其成长提供必要的外部支持和动力。至于内部环境方面，则涵盖学校的章程、管理规程、教学安排、科研政策、组织架构及其长远规划等内容。这一系列内部机制的核心目的在于为学校日常运营确立行为准则，并为其持续发展奠定坚实的基础。

基于高校制度文化的内在结构，我们可以将其细分为两个主要层面：首先，显性的制度层，涵盖由国家指导确立的教育方针以及校内具体规章制度；其次，更为深层次的文化层面，它体现了学校在制定与实施各项规则时所坚持的社会主义核心价值观及追求目标，如那些无形中影响学生日常生活和学习行为的规范。

3. 高校物质文化

在长期的教育实践和组织活动中，高校积累了大量有助于其发展的物质资源与成果。这些资源与成果构成了高校物质文化的一部分，既包括具体的实物形态也涵盖无形的文化氛围。这种物质文化主要由实际存在的物品组成，在日常校园生活中对学生的学习态度、生活方式及价值观都会产生潜移默化的影响。它涵盖多种表现形式，如自然风光、历史遗迹、建筑设施以及具有鲜明学校特色的图书馆、实验室和体育馆等。通过高校的物质文化，我们可以窥见一所大学在基础设施建设方面的实力。纵观全球范围内的顶级学府，无一不拥有丰富且独特的物质文化遗产。

高校的物质文化是其最直观的文化表现形式，它能够让人们感受到一所高校的文化氛围、学习风气及探索精神。历史悠久的高校往往保留了许多反映学校发展历程的景观和建筑物等实物遗产，这些物质文化遗产对形成独特的校园气质与精神风貌至关重要。例如，中国人民大学所倡导的"大师、大楼、大气"理念蕴含了深刻的时代意义。著名教育家、清华大学前校长梅贻琦曾言："所谓大学者，非谓有大楼之谓也，有大师之谓也。"这一观点获得了众多高等教育管理者的广泛认同。即使在今天，该论述仍然对我们有着重要的启示作用。在新时代背景下推进高校物质文化建设时，我们不仅要从中汲取有益的经验，还应结合各自学校的特色以及时代发展的新趋势，顺应潮流，创造既符合当代特点又能体现文化特色的物质文化成果。

4. 高校行为文化

行为可被定义为行为主体出于本能或特定目的而进行的活动。随着时间的推移，这些活动形成了一套固定的行为模式，这种模式逐渐演变成一种承载着象征意义的文化形态，即所谓的"行为文化"。高校基于教育工作者与学生长期互动所形成的独特教学和组织活动，孕育了一种能够反映该机构精神特质、价值取向及行为习惯的文化综合体——高校行为文化。它不仅是学校内在精神文化的外显表现形式，而且通过制度文化的桥梁作用，与后者紧密相连，共同塑造了学校的整体文化氛围。

高校行为文化是基于学生群体在自觉与非自觉习惯相互作用下而形成的，这种文化因此展现出动态变化、自我意识、复杂性和多样性的特征。在其发展过程中，多种学生活动共同促进了统一且具有普遍意义的行为模式的产生，进而推动了高校行为文化的构建。同时，在长期的学习与实践活动中，学生受到高校精神的影响，遵循着特定的文化价值观前行，使他们的行为逐渐形成了独特的文化现象。例如，美国的哈佛大学、耶鲁大学以及斯坦福大学等顶级学府所倡导的社团文化，无论在美国国内还是在全球高等教育界都占据着非常显著的位置，成为体现美国高校通过文化教育影响学生的典范案例，并对世界各地高校的文化培养活动产生了深远的影响。

行为文化作为组织文化中独具特色的一部分，在高校的文化体系里占据了一席之地，并在高校的各项文化活动中扮演着至关重要的角色。

综上所述，高校文化由精神文化、制度文化、物质文化和行为文化四大要素构成，这些要素之间存在着密不可分的关系。它们彼此相连、相互影响，并在高校文化的总体框架下共同演进，不断充实着这一文化体系的内涵。依据对高校文化层次的理解，可以将它划分为表层、中层及深层三个维度。其中，行为文化和物质文化构成了最直观的表层部分，反映了更深层次的文化特征；制度文化处于中间位置，起到了连接深层文化与表层文化的作用；而精神文化则位于最深层，是形成高校独特气质的基础。作为高校文化的核心，精神文化不仅为整个文化体系奠定了基调，还为其提供了价值导向、精神风貌以及道德信仰的支持。这四个层面之间的互动与促进，形成了独具特色的高校文化环境。

（四）中国高校文化的时代特点

文化特征深受时代背景与民族特色的影响。作为社会主义文化体系中的关键一环，高等教育机构的文化不仅体现了普遍的文化属性，也展现了其独特的魅力。高校文化的形成与发展遵循文化演变的一般规律，但其独特性的塑造还受到所在地区文化特点及社会发展趋势的深刻影响。

1. 社会主义先进文化是高校文化的本质属性

作为社会文化不可或缺的一部分，高校文化的构建在马克思主义哲学视角下是由社会存在的条件所决定的。这意味着，在高校文化的发展过程中，无论是高校自身的实际情况还是更广泛的社会环境，都会对其产生重要影响，并且这种文化将反映两者某些方面的特性。就高校内部而言，其规模大小、物质资源状况、办学宗旨及价值取向等因素对塑造独特校园文化具有显著作用。而从社会角度来看，高校的物质设施及其社会主义核心价值观等形成文化的关键因素，则是在特定的社会背景下孕育和发展起来的。因此，可以说，高校文化也间接地映射了社会层面的价值观念和精神追求。

高校文化与社会文化之间存在着一种互动关系，这种互动体现在两者形成和发展过程中的相互促进。受社会主流文化和价值观的影响，高校文化倾向于跟随社会发展的步伐，并通过独特的方式展现社会文化的进步需求，从而进一步丰富和深化社会文化内涵；与此同时，社会文化的不断演进及其内容的多样化也为高校文化的创新提供了广阔的空间与发展路径，确保高校文化能够持续处于前沿地位。

　　高校文化体现了一种积极向上的文化特质。这种正面性质体现在它对于社会进步的贡献上，作为一种独特的文化形态，其核心价值与精神导向主要聚焦于学术追求和个人品德修养两个方面。大学校园内推崇的学习态度和道德规范与中国社会主义文化所倡导的价值观高度契合，因此可以认为高校文化是一种健康的亚文化形式，能够为整个社会文化的持续发展奠定坚实的基础。

2. 开放包容和追求卓越是高校文化的基本理念

　　文化的开放性和包容性是高校文化得以延续与发展的基石，也是文化活力持续不衰的关键所在。当一种文化发展到一定阶段时，不可避免地会与其他文化相遇并产生交流。在这样的互动过程中，那些能够展现包容性的文化可以汲取外来文化的优点，从而为自身注入新的生命力。这一过程不断循环，从而促进文化的进一步发展与进化。

　　高校文化一旦形成便会展现出一定程度的稳定性。然而，这种稳定性会随着社会环境及高校自身的变化而演变。高校文化并非停滞不前或僵化不变，在其发展过程中，它需要不断吸纳时代精华，充实和完善自身的内涵体系，从而朝着更加卓越的目标迈进。

　　相较于西方国家，我国高等教育的起步时间较晚，仅有少数学府拥有超过百年的历史。这些杰出高校在百年历程中的文化演变与发展，无一不是伴随着社会变迁而逐步完善的。海纳百川、兼容并蓄是中华优秀传统文化的一大特色，我国高校的文化应当充分汲取和发扬这一宝贵遗产，在与时俱进的同时适时调整自身的文化内涵，以适应时代发展的潮流与趋势。

3. 立德树人是高校文化的根本任务

　　培养德才兼备的人才是中国特色社会主义文化构建的重要组成部分，也是现阶段我国高等教育机构追求的核心目标之一。教育下一代是高校的基本使命，在这一过程中，利用校园独特的文化环境来进行教育具有天然的优势。高校的文化氛围为实施文化导向的教育活动提供了坚实的基础，因为它能够增强学生的团结精神，指导学生的行为，并提升他们的道德水平。将这种以文化为核心的教育方法融入我国的人才培养体系中，通过高校文化的建设来营造积极向上的学习环境，是我国推行文化教育策略的主要手段和基本路径。因此，在规划教学活动时，高校应当始终围绕塑造品德与才能并重的人才这一核心任务，借助于构建良好的文化生态，推动文化教育工作的深入发展。

在推进高校文化建设的过程中，应当将道德教育置于核心位置，使高校成为培养高尚品德与引领学生提升伦理素养的灯塔。教师应通过自身的言行树立正面榜样，积极弘扬传统美德和社会新风尚；而学生则需秉持求真务实的精神，勇于探索真理，并在学习和实践中不断追求卓越。随着物质条件的持续改善，高校还需要同步加强软实力的构建，特别是在文化领域内制定科学合理的策略。总而言之，为了有效促进以文化为载体的育人工作，必须充分利用并发挥校园文化的独特作用，营造一个既开放包容又和谐共进的文化生态环境。

4. 社会主义核心价值观是高校文化的价值取向

高校文化的建设构成了学校进步的根本与基石，体现了高等教育机构发展的核心追求，并在塑造教育环境方面发挥着至关重要的指导作用。社会主义核心价值观是文化软实力的核心组成部分，也是加强文化软实力建设的关键所在。它决定了文化的本质及其发展方向。

我国高校致力于服务社会主义建设，其在发展过程中必须确立并弘扬社会主义核心价值观。当代高校文化的塑造应当紧密围绕这一价值体系展开，确保与国家的发展目标保持高度一致。作为社会主义先进文化的重要载体之一，当前高校所追求的文化价值也正体现了社会主流价值观的导向。

二、高校文化育人

（一）高校文化育人的内涵

由于研究视角及理解框架存在差异，学界对高校文化育人提出了多种见解。学术讨论主要围绕高校文化和校园文化的内涵展开，并结合了文化育人理念的探讨。现阶段，对于这一领域的认识大致可以归纳为以下三个层面。

1. 高校文化育人是一种培育人的途径

高校应当肩负起文化创新与传承的责任，积极发挥文化育人的作用，以此来强化高等教育与文化的内在联系。只有确立了"文化教育"的核心理念，高校才能有效地培育出符合社会需求的高素质人才。"文化教育"作为一种体现我国素质教育思想的教学模式，表明我国高等教育界对于大学使命的认识已经达到了较为深入和全面的程度。高校校园文化本质上是一种以培养人为目的的文化形态，其最根本的功能在于育人。正如袁贵仁所指出："从某种意义上来说，大学就是文化本身。大学中的教书、管理、服务以及环境建设等各个环节，其实都是围绕着文化传播这一目标进行的。"由此可以看出，高校文化和教育之间的关系十分密切，其主要职责包括文化的继承、传播、创新以及促进个体全面发展，最终达到"文化育人"的效果。通过这样的文化熏陶，高校能够帮助学生树立正确的世界观、人生观和价值观，推动他们道德品质和个人能力的成长，助力其走向成功之路。在当前众多关于高校文化的研究视角中，聚焦于提升学生学习成效的观点被认为是最能反映高校文化教育本质的一个方面。

2. 高校文化育人是一种育人的内容

高校文化体现了人类社会在长期发展中所积累的精华。其核心在于通过高质量的文化熏陶来塑造个体，旨在促进高校学生身心全面发展、自由探索及和谐成长。一方面，高校利用积极向上的校园氛围对学生进行教育，从而帮助他们形成正确的价值观，并引导他们走向健康成长之路；另一方面，经过这种文化的滋养，学生能够展现出特有的精神风貌，这正是高校独特魅力的具体体现。实施文化教育不仅是高校的重要职责之一，也反映了学校对于文化建设的重视程度。教育与文化之间存在着密不可分的关系，高校既是文化传承与发展的重要载体，也是社会文化面貌的一个缩影。

3. 高校文化育人既是一种途径又是一种内容

在高等学府中，文化教育不仅是人才培育与塑造的媒介，更是个体接受文化熏陶的过程，即所谓的"文化化人"。通过这种方式，高校能够提升其教育活动的吸引力和影响力。鉴于文化的直观性、生动性及其强大的渗透力和持久的影响，将文化元素融入职业教育更容易获得公众的认可。同时，文化本身蕴含了丰富的教育资源，通常由符号、语言、价值观及道德准则构成。文化对个人的影响是多维度的，不仅涉及科学知识和专业技能的学习，还包括思想品德的培养。因此，借助文化来实现育人目标有助于全面提升人的综合素质，包括思想道德水平和科学文化素养。王明清指出："文化育人构成了高校价值体系的核心与灵魂。现代高等教育理念强调'以人为本'，其实质在于重视教育的文化价值或曰文化育人。"校园文化以其潜移默化的特性，对师生群体产生着强烈的导向作用和示范效应。为此，高校应当将文化教育贯穿于教学、管理、服务以及环境建设等环节之中，全面贯彻文化育人的理念。

由此可以看出，"文"构成了教育的核心内容，而"化"则代表了实施教育的基本手段。为了促进学生的全面发展与个人自由的实现，高校应当致力于传承优秀的文化传统。受到优质校园文化熏陶的学生，不仅能够形成良好的个人品质，还能够成长为社会所需的人才。因此，高校的文化教育不仅是一种塑造人格的有效方式，也是培养人才不可或缺的一部分。

高等学府的文化培育方式既与西方国家推行的通识教育有所区别，也不同于中国普通本科院校实施的文化素质教育。源自美国等西方发达国家的通识教育理念，旨在提供一种跨领域、基础广泛的教育模式。这种教育形式作为专业学习的基础阶段，致力于构建学生全面的知识体系，强调知识获取的系统性和完整性。高校文化素质教育则侧重于通过人文、艺术及科学领域的传授、熏陶和实践经历来丰富学生的文化内涵，其目的在于提升高校学生的人文素养、科学认知水平以及审美鉴赏力，促进个体的健康发展。此过程重视从文化角度出发，增强学生的综合文化素质与人文学科能力。

文化教育旨在促进个体的全面发展，引导人们追求道德理性与真善美，摒弃虚假、丑陋及邪恶。当前，在中国高等教育体系中，高等职业教育占据了半壁江山。因此，高等职业学校应当强化其文化意识，回归并追寻教育的本质意义，将文化育人理念作为培养技能型人才的核心价值观念，视为高校精神文化的基石。通过这种方式，可以更好地指导技术人才的培养过程，从而为社会输送更多高质量的应用型专业人才。

（二）高校文化育人的特点

1. 职业性

高等教育机构的文化教育应当体现出职业教育的独特属性，并强调其文化特色，这一需求源于职业教育的职业导向。高等教育致力于培养适应生产、建设、管理和服务领域的高素质人才。职业化构成了当前高等教育的核心特征之一。因此，高校在实施文化教育时，应聚焦于满足学生职业生涯发展的需求，以增强学生的综合专业素养为目标，通过拓宽学生的专业技能来促进他们的全面发展与个人成长。在此过程中，职业人文精神的培育至关重要，即围绕学生职业素质的构建，着重培养学生诸如诚信、责任感、创新能力和奉献精神等职业人文品质。此外，对于学生职业行为习惯及意识的培养也需给予足够关注，如强化规则遵守意识、安全防范意识、良好行为模式以及成本控制和节约资源的习惯。值得注意的是，这些职业行为与意识的形成并非仅靠一两门专业课程或特定训练就能实现，而是需要在整个学习和生活的过程中持续不断地进行教育和引导才能达成目标。

2. 实践性

实践性在高校文化育人中的重要性体现在：除了要对学生进行理论教育，更要通过实践活动促进学生思想道德素质和文化修养的提升。这主要包括两个方面：其一，文化教育与实践活动密不可分，后者是提升学生综合职业能力和文化水平的关键手段。无论是知识传授、技能培养还是道德教育及行为规范指导，无论是课堂教学还是课外活动，最终目的都是通过实际操作让学生能够内化所学，实现个人素质的整体提升。因此，对于大学生而言，文化与职业素养的培育不能仅仅停留在理论层面，而是要有效地将其转化为实践能力。其二，在高等教育体系中，实践技能被视为衡量学生综合素质的一个重要指标。这里所说的实践不仅涵盖社会参与和技术应用两个方面的能力培养，还强调培养学生对实践的热情、勇气以及科学合理地运用所学知识解决问题的能力。

3. 地方性

地方性特质体现在高等教育机构的文化教育上，强调根据所在地区的实际情况进行调整，以充分展现地方文化的特点。大多数高校由地方政府或特定行业支持建立，其目标是培养能够满足当地经济或行业发展需求的人才。这些学校的运营资金主要来源于地方政府的支持。专业设置通常围绕着支撑当地经济的关键产业展开，而毕业生的就业方向也多集中于该地区。因此，高校在塑造学生文化素养时应深度融入地方文化特色，确保专业课程与地方经济社会发展相匹配，并随着产业结构的变化作出相应调整。此外，校园文化的构建需要与当地的风俗习惯及城市规划紧密结合，在更广泛的社会文化活动中扮演重要角色，让文化和社会主义核心价值观深深植根于地方经济社会发展的实际需求之中。唯有如此，所培养的人才方能更好地适应并服务于地方社会经济发展；同时，有助于高校成为促进文化遗产传承与创新的重要平台，形成具有鲜明地方特色的文化教育。

4. 创新性

创新的核心在于高校应当致力于激发学生的创新意识与创业才能，同时彰显高校的独特性。这种教育理念主要从两个方面进行体现：首先，强调通过培养解决问题的综合技能来提升学生的创新能力，包括基础技能、专业知识的应用以及实际问题解决能力的锻炼；其次，重视学生创业精神和实践能力的发展。高等教育的目标之一是鼓励学生成为具有创业精神的人才，这意味着不仅要加强理论教学，还要增加实践活动的比例。尤其是针对创业教育，更要联系实际切实开展，旨在转变学生仅寻求传统就业机会的想法，倡导自主创业的价值观，增强其面对挑战的心理素质，从而促进学生职业发展，让其开启新的可能性。

5. 渗透性

渗透性强调的是，高等教育中的文化教育不应孤立于其他形式的教育之外。这种教育方式通常是隐性的、间接的，并且具有渗透的特点。作为文化和教育的重要属性之一，渗透性在高校教育活动中体现为不仅要设立特定的文化素质课程和讲座，更重要的是将文化教育的理念融入课堂教学、技能训练、实际操作以及职场文化之中；同时也要将其贯彻到校园文化、社会实践活动、日常的思想政治工作中去，甚至延伸至学校的管理和服务体系中。通过这种方式，可以实现文化教育与职业培训、日常思想政治工作及学校管理和服务之间的有机融合，从而构建起一个全方位、全过程推进文化教育的综合体系。

6. 开放性

开放性理念强调高校的文化教育不应局限于自身教育体系内，而应倡导一种全面开放的教学模式。这种开放式的办学方式是现代高校的重要特征之一。为了实现这一目标，高校需要打破传统的封闭状态，构建一个全新的、面向全社会的文化教育环境，包括整合政府、产业界以及企业的各类资源，充分发挥各方的优势与作用，促进地方文化、行业特色及企业精神与校园文化的深度融合，使产业文化和企业文化能够顺利融入校园生活和课堂教学之中。此外，在学校内部，需消除不同院系间的隔阂，促进教育资源的共享与合作，强化跨学科之间的交流与协作，从而形成校内协同育人的良好氛围。

第二节　高校文化育人的功能

一、高校校园文化育人功能的表现

高校校园文化的基石在于其教育使命，对于"培养什么样的人才"及"如何培育人才"的议题，不同高校有着各自独到的见解。不过，大多数高校校园文化活动的根本出发点都是"教育"。作为一种无形却极为有利的影响因素，高校校园文化对学校的运营和发展起到了引导与塑造的作用。蔡元培先生曾指出，大学不仅是人格成长的园地，人文精神的孕育之所，同时也是理性和道德意识的重要支柱。

高校不仅是传授知识的场所，更承担着塑造人才的重要使命，致力于培养具备"四有"素质的新一代。正如古语所云，"近朱者赤，近墨者黑"，学生走上歧途往往与缺乏良好的教育环境密切相关。作为育人之地，高校以其特有的校园文化氛围为学生提供了宝贵的成长土壤，特别是在个人气质与道德情操方面的发展上贡献卓著。当学生的视野从模糊逐渐变得清晰时，这背后离不开大学精神之光对其心灵的启迪作用。事实上，高校的文化建设作为一种无形但强大的教育资源，在促进大学生健康成长过程中扮演着不可替代的角色。高校通过构建富有启发性和积极向上的学习生活空间，可以培养学生的良好品格，全面提升其综合素质，从而有效发挥教育的本质功能。

（一）高校校园文化具有"化人"功能

在众多影响个体态度与行为模式的因素中，文化扮演了最为深刻且关键的角色。每个人都是特定文化环境的一部分，不可避免地受到周围文化氛围的影响与熏陶，在不知不觉间接纳这种文化，并将其内在的价值观和思维方式内化为己有。对于高校而言，校园文化不仅构成了其独特的精神面貌，也是它与其他社会团体或组织相区分的重要标志。通过一种微妙而持久的方式，校园文化潜移默化地影响着学生的思想观念、价值取向以及个人态度的发展过程，实现重要的教育功能，即"化人"功能。因此，校园文化的真正价值在于它能够实现对人的培养与塑造。

1. 高校校园文化"化人"的主渠道

（1）课堂是文化"化人"的主要渠道

高等教育机构的教师是塑造人才的关键力量。这些教育者通常具备深厚的学术背景和高尚的文化修养，构成了推动高校前进的核心动力。除了专职从事教学工作的教师，还包括那些致力于为学生提供服务和支持的管理人员，他们共同构成了高校特有的教师文化育人工作体系。课堂教学作为培养学生的主渠道，每位教师都肩负着重要的教育职责，应深入挖掘课程中的思想与文化元素，进行有针对性的教学与指导。这样的教学活动不仅能够扩展学生的文化视野，还能够帮助他们树立崇高的理想与信念，从而形成一套完整的课堂文化培育机制。

（2）大学生思想政治理论课是课堂文化"化人"的主要阵地

如何吸引学生对思想政治理论课的兴趣，以及如何更好地发挥其教育作用，是每位思想政治理论课教师需要深思的问题。教师应当深入探究教材内容，通过个人的理解来触动并说服学生。例如，可以利用一些具有社会影响力的生活事件作为教学案例，将这些事件融入课堂教学中，引导学生在讨论过程中理解相关理论，并对其进行解释，以此增强课程的说服力和吸引力，确保思想政治理论课能够有效实现"化人"的目标。

2. 高校校园文化"化人"的重要因素

（1）校风是文化"化人"的重要因素

学校风气展现出高度的一致性、影响力及规范作用，其由教师的教学态度、学生的学习氛围以及管理层与服务人员的职业行为共同塑造而成，深刻反映了学校的内在精神。校园文化环境的质量直接关系到教书育人目标的实现程度，同时也决定了高校未来发展的潜力。

（2）优良的学风是"化人"的基础

高校建立健全的规章制度与严格的管理体系，能够营造出优良的校园环境、班级氛围、宿舍文化，进而发挥良好校风对学生潜移默化的影响。以某些高校中被誉为"最牛班"或"最牛宿舍"的集体为例，它们之所以引人注目，正是由于其内部形成了积极向上的学习态度、班级凝聚力及宿舍间的相互支持，这种正面力量促使班级或宿舍成员无论身处何地都能保持勤奋好学的精神面貌。正如《荀子·劝学》所言："蓬生麻中，不扶而直；白沙在涅，与之俱黑。"学校的文化底蕴和学术风气无形中塑造着每位学生的行为模式，激发其追求高尚品德的动力，促进个体性格特征向着更加健康的方向发展，有助于形成健全的人格体系，并树立正确的世界观、人生观和价值观。

实际上，"化人"的过程体现为一种内在转化、融合、提升与超越的过程，旨在将正确的行为规范和价值观深入学生的心灵。高等教育机构应更加重视人格塑造、精神世界的构建，以及人文素养的培育。校园文化的建设对于促进大学生的成长及学校长远发展具有不可忽视的作用。在此环境中，学生会自然而然地接受并认同这些文化元素，并逐渐将其融入个人特质之中，从而实现个人品质的"升华"，有效发挥文化教育的功能，确保人才培养目标得以实现。

3. 高校校园文化"化人"的最佳途径

参与实践活动是文化"化人"的关键手段之一。高校校园文化的育人功能得以实现的核心在于，大学生能够将所接受的先进思想转化为实际行动。只有当这些思想真正付诸实践时，其实际效用才能被充分展现，即所谓的"外化"过程。当前，参与社会实践活动不仅是培养高素质人才的有效渠道，也是检验高校文化教育成效的重要方式之一。因此，在我国高等教育体系中，通过充分利用社会实践机会来促进文化育人的工作，对于提升整体教育质量具有重要意义。

（1）参加高校校园内的实践活动

校园的文化生活丰富多彩，为学生提供了多种多样的课外活动选择，旨在通过这些活动增强学生的实际操作技能。例如，艺术节、文化周、体育赛事以及演讲比赛等活动不仅能够让学生根据个人兴趣做出选择，而且在参与过程中还促进了个人潜能的挖掘与发展。参加这类校园内外的文化活动，不仅有助于丰富学生的课余时间，提升其文化素养，同时也是一种促进自我反省与成长的有效手段，极大地支持了通过文化教育来培养人才的目标实现。

（2）参加校园外的社会实践

对于当代大学生而言，除了广泛阅读，积极参与社会实践同样至关重要。让学生走出象牙塔投身于各种社会活动之中，不仅能够拓宽学生的视野，还能够使他们在实际操作中锻炼能力，并将所学知识应用于具体情境。特别是在寒暑假期间，参与如"三下乡"这样的社会实践活动，有助于他们更好地理解社会现状，在满足个人成长与发展需求的同时提升自我价值感。此外，志愿服务作为一类重要的文化体验形式，在促进高校文化教育方面发挥着重要作用，已成为实现文化育人目标的有效途径之一。

（二）高校校园文化具有熏陶功能

高校文化对人的潜移默化作用是其教育目标的重要组成部分，也是这种教育模式固有的关键功能之一。个人的思想观念与品质特征很难仅仅通过知识的学习来获得显著提升，而是需要在特定的文化和道德环境中经历长时间的浸润才能逐渐形成。只有当学生置身于适当的文化与伦理氛围中时，他们才能够逐步发展出相应的文化素质。长期处于良好文化环境中的个体所培养起来的性格特质通常更加稳定，能够更好地抵御外部因素的影响。尽管当前某些高校可能在物质设施方面存在不足，但它们的文化"软实力"却表现得非常突出。

高校的校园文化是其精神追求的重要体现，承载了学校多年来的教育理念和发展愿景。每所大学的文化特质都是在其独特的历史进程中逐渐形成的，因此各具特色。这种文化不仅塑造了学校的办学方针，还深刻地影响着其未来的发展方向，对于促进高等教育机构的成长具有不可或缺的作用。

1. 陶冶大学生的情操

（1）校园文化能陶冶大学生的思想品行

高校校园文化的育人功能，主要通过构建特定的教育与教学环境及实施各类教育实践活动来实现。在这种文化氛围和社会实践活动中，学生能够受到文化的熏陶，从而提升自身的文化素养和道德水平。优雅的校园环境不仅能够为学生营造整洁宁静的学习氛围，还能够激发他们的学习兴趣，对于促进学生的知识积累和个人修养有着积极的作用。作为体现高校精神文化的重要物质载体，校园环境不仅是高校文化不可或缺的一部分，也是其内在价值观念的具体表现形式之一。长时间处于这样一种美好的环境中，有助于加深学生对学校文化精髓的理解和体验，进而增强他们的文化意识与个人修养。

（2）校园环境能激发大学生的归属感

校园环境不仅是学生日常学习与生活的关键场所，也是当今时代培养学生综合素质的重要物质基础。一个充满独特文化气息的校园环境能够在无形中塑造学生的思维模式，并对其行为产生潜移默化的影响。通过观察清新雅致的校园景观以及富有特色的建筑风格，可以感受到学校对于教育的态度和理念，这对大学生的成长具有积极的引导作用。优美的校园不仅能够激发学生的自豪感与归属感，还能够为其提供强大的精神支撑，在这种文化氛围的激励下，学生更有可能追求更高层次的文化修养。此外，一个高雅而开放的校园文化环境还能够在一定程度上抵制低俗文化的侵袭，帮助学生抵御不良思想的影响，从而促进其形成正确的道德观念、价值取向及人生目标。

（3）校园人文环境能影响大学生的精神品质

高校的人文环境在培养大学生个性特质及精神风貌方面扮演着至关重要的角色，这是因为文化氛围能够潜移默化地塑造学生的思想观念与行为模式。这种环境不仅有助于促进学生的学习和日常生活，更是他们形成道德观念与文化认知的关键平台，对于构建其道德品质有着深远的影响。教育工作者能够在学生成长过程中发挥正面引导作用，教师应当重视自身言行，在日常教学及其他活动中树立良好的榜样，以此帮助学生树立正确的价值体系。此外，通过组织多样化的文化活动来营造浓郁的校园文化气息，将文化传播融入学生工作的各个层面，是高等教育实践中的重要组成部分。优质的校园文化作为宝贵的教育资源之一，能有效抵御外界不良思潮的影响，促使学生发展出高尚的情操与健康的价值取向，最终成长为具备优秀文化素质的社会成员。

2. 提升大学生的审美能力

（1）大学校园物质环境本身凝结着文化美

校园环境的设计与美化是一个跨学科的课题，涵盖美学、建筑学、社会学以及心理学多个领域。除了确保基本的功能性需求得到满足，校园物质环境的一个关键价值在于其能够促进大学生的文化素质和人文素养的提升。这种环境不仅展示了技术与艺术之间的完美结合，而且通过具有独特风格的建筑物及文化景观传递了深厚的精神意义。学生在这样的环境中不仅能体验到视觉和技术上的美感，还被激发起对美好事物的追求，有助于他们更深入地探索个人潜能，增强自身的文化意识和个人修养。对于高校物质文化环境的研究，应当将其置于特定的自然背景与长期形成的文化脉络之中进行考量。这样不仅可以更加生动准确地反映该地区的文化特色，还能实现与周围自然景观的有效融合，从而为高校精神的发展提供一个和谐且富有活力的空间。

（2）潜移默化中渗透审美教育

优质的校园环境是传播校园文化的有效载体，它能够在无形中对学生进行文化的熏陶，进而提升他们的文化素养与个人修养。作为学生对高校形成初步印象的关键因素之一，校园环境不仅体现了学校的内在精神和文化追求，也是外界了解学校特色的重要窗口。审美教育在培养大学生的文化意识方面扮演着至关重要的角色，通过审美活动可以激发学生的情感共鸣，促进其个性发展，有助于他们形成更加高尚的情操与道德观念。美育心理学的研究表明，个体审美水平的提升离不开对文化和道德价值观的学习与吸收。换句话说，只有当一个人的整体素质得到提升时，其鉴赏美的能力才会随之增长。因此，在当前阶段加强校园文化建设的过程中，应当充分利用审美教育资源，从多维度出发加强对学生审美能力和人文素质的培养。

二、高校文化育人功能的发挥

高等教育迈向快速发展新时代的背后，离不开国家层面的强大支持。在此过程中，现代高校的发展需要以深厚的文化底蕴和文化传承作为基石。相反地，如果一所高校未能营造出积极向上的校园文化氛围，则难以让学生在校期间实现全面成长与发展。由此可见，塑造独具特色且先进的校园文化不仅是打造一流学府的前提条件之一，也是推动全体学生综合素质提升的重要因素。因此，加强校园文化建设成为高校亟待解决的关键议题之一。

（一）培育和弘扬大学生的社会主义核心价值观

在国家的大力支持下，高校承担起了培养人才的重要使命，尤其是在塑造学生社会主义核心价值观方面，国家给予了高度关注。高校作为培养学生社会主义核心价值观的关键场所，在整个教育过程中扮演着不可或缺的角色。学校应当致力于为大学生树立正确的价值观，并成为文化传承的重要桥梁。因此，提升大学生的思想政治觉悟、个人素质以及知识水平不仅是促进其健康成长的基础，也对社会长远发展具有深远影响。

1. 探讨爱国主义教育的重要性，为塑造及弘扬大学生的社会主义核心价值观奠定精神基础

爱国主义构成了每一位中国公民精神世界的核心，尤其对于高校的学生来说，培养爱国情怀不仅是理论知识的学习，更重要的是通过实际行动来体现。在实践活动中，学生能够深刻地感受到自身的责任感与使命感，成长为既有勇气又敢于承担责任的人才。只有大学生树立了正确的价值观和具有了强烈的社会责任感，他们才能够真正成为社会所需要的栋梁之材。

责任感是大学生的社会主义核心价值观的重要组成部分，蕴含了特定的政治意义。高等教育的核心目标之一在于培育一代又一代具有强烈责任感和社会使命感的学生，使他们能够积极投身于社会服务之中。但要实现这一目标，前提条件是个体必须具备承担职责的意识，这样才能为国家的发展贡献自己的力量。因此，当今时代的大学生应当树立正确的价值观，勤奋钻研专业领域知识，努力成为既能服务于人民又能参与国家建设的综合型人才。

2. 注重理想与信念的培养，为塑造并弘扬大学生的社会主义核心价值观奠定精神基础

大学生作为国家未来发展的关键力量，肩负着建设国家和文化传承的重要使命，被视为国家持续进步的希望所在。要培养并弘扬大学生的社会主义核心价值观，必须结合社会主义理论与实践，强化理想信念教育。此外，还需要通过正确的引导和支持来帮助学生树立健康的价值观，并确保他们能够全面理解这些核心价值的具体含义。由此可见，高校在塑造学生社会主义核心价值观方面发挥着至关重要的作用，应当重视理想与信念的正确教育方式。

理想与信念的教育能够提升学生对于社会主义道路、持续经济发展以及以经济建设为中心等议题的认识水平，从而促进国家目标的实现。高校应当承担起引导学生厘清思维脉络、塑造坚定信念的责任，促使他们形成支持社会主义发展的思想体系。将社会主义共同理想的培育纳入大学生社会主义核心价值观教育中，并持续激发其内在动力去学习和内化这些价值观念。这有助于学生根据自身情况确立人生追求，并为此不懈奋斗，最终成长为对社会有所贡献的人才。

3. 从传统文化中汲取养分，为大学生社会主义核心价值观的培养与弘扬提供文化基石

中华文明的优秀传统不仅是中华民族高尚品德的具体展现，也是其持续进步与发展的根基所在。对于大学生而言，继承这些优良的传统美德构成了他们核心价值体系中的重要部分。一个国家的精神支柱，在很大程度上反映了人们内心深处的文化认同感，而这种精神实质则通过丰富多彩的传统文化得以体现。爱国主义精神作为推动国家向前发展的重要力量，主要表现在以下三个方面：在物质条件优越时，个人应保持节俭的生活态度；在面对困境时，须坚持不懈地努力奋斗；身居高位时，应始终坚守刚正不阿的原则。

优秀的传统文化在塑造大学生社会主义核心价值观方面扮演着至关重要的角色，它不仅是国家精神的基石，也是民众心灵力量的源泉。因此，在学校教育体系中占据不可或缺的地位。当高校致力于通过思想教育来培养学生的价值观念时，应当让青年学子深刻认识到这些文化遗产的价值，并注重文化的传承教育，以此激发他们内在的精神潜能，使优秀传统文化能够在促进学生形成正确世界观的过程中发挥重要作用。

4. 注重实践和创新，为培育和弘扬大学生社会主义核心价值观提供有效路径

个人的思想须通过实际行动来体现，才能实现从理念到行为的转化。高校应着重强调实践的重要性，应切实开展实践活动，有效促进并深化大学生社会主义核心价值观的培养与发展。在这一过程中，学生能够逐步从认识层面的价值观理解过渡到情感层面的价值观认同，并最终将这些价值观念转化为自觉行动，如主动学习与独立生活等行为表现。由此可见，将理论知识与实际操作相结合是塑造正确价值观的关键途径之一，对于增强学生的社会责任感和使命感具有不可替代的作用。

创新是推动国家持续进步的重要动力。大学生承载着国家未来的希望，对于构建现代化社会而言，创新能力被视为促进国家繁荣的关键因素之一。值得注意的是，创新的概念并非固定不变，而是需要从日常生活中汲取灵感并不断演进。基于此，要组织丰富多样的社会实践项目，促使学生探索未知领域，并在此过程中激发他们的创造潜能，成为教育体系中不可或缺的一环。这不仅有助于培育学生的创新思维，还能够有效地提升他们参与创新活动的积极性。此外，在培养大学生社会主义核心价值观时，应充分考虑现代社会的发展趋势及青年一代的独特属性，以增强其主动投身创新实践的动力。

（二）凝练和锻造高校精神

高校精神构成了每一所高校不可或缺的文化传承，它是高校吸引力的核心要素，也是其精神象征。这种精神包含了丰富的文化积淀、关键的教育理念以及高尚的价值追求。它是在特定的历史时期、地理位置以及师生共同努力的基础上逐渐形成的。随着高校的长期发展，在不断地教育改革与深化过程中，不仅形成了对物质与精神价值的双重追求，还通过环境影响和师生共同的精神面貌塑造了独特的高校精神。可以说，高校精神是学校使命、信仰及品格的具体展现。在提炼与培养高校精神的过程中，主要可以从以下四个方面着手。

1. 规范高校章程

高校的合法成立与其具体章程密切相关。依据国家相关法律法规，高校章程在高校管理架构中占据着极其重要的位置，成为制定各类规章制度时不可或缺的基础。高校需要结合自身特色来制定章程，并随着学校的发展不断调整和完善，确保章程符合合理性、合法性及规范性的要求。因此，高校章程不仅反映了学校治理的基本框架，也展现了每所高校独特的文化与精神面貌。

2. 明确办学理念

高校拥有独特的发展愿景，确立这一愿景对于展现每所学校特有的文化特质至关重要。这种教育理念是在长期实践中逐步形成的，它综合了学校的教育目标、教育哲学以及教育特色。一所成功的高校应当明确其办学方针，其中核心要素包括：以发展为导向，以教学为根基，以学生为中心。培养人才应被视为高校的首要任务；而教师则需将传授知识视为其最重要的职责。一个先进的教育理念能够成为凝聚人心与促进团结的力量象征。

在当前的社会环境下，影响高校持续发展的关键要素主要体现在学校的管理策略与学生的学习态度上。具体来说，高校需拥有前瞻性和科学合理的办学思想，而学生则应建立积极向上的学习态度。基于此，高校不仅需要清晰地界定其社会主义核心价值观，坚守高校精神，还应当致力于教育领域的"传承""革新"以及创造性发展。

3. 突出培养目标

高校的教育宗旨在于通过学生将教育目标与价值具体化。其核心任务是培养能够对社会有所贡献的人才，同时促进个人价值的实现。鉴于各类高校在类型、层次、历史背景及特色上的差异，各高校应当依据自身条件设定独特的人才培养目标。

随着时代的进步，每所高校都应确保其人才培养计划能够满足当前社会的需求，并且要结合各自校园文化、学术氛围以及地理位置等独特因素来实施。在当今这个日益多元化和包容性的世界里，高校培养出的人才不仅要能适应社会上各式各样的挑战，还要有能力实现个人的多方面发展目标。当学生从校园走向更广阔的社会舞台时，他们不仅需要掌握专业领域的知识与技能，还必须拥有独立思考与批判性思维的能力，以及良好的社会适应力。鉴于此，针对不同教育层次的学生群体（如本科生、研究生），高校应当制定更加精准的人才培养策略，明确界定各自的教育使命，并彰显自身的办学理念及特色。

4. 重视显性特征建设

高校显性特征的构建主要体现在校风、校训、校歌及校徽四个方面，它们共同构成了一个学府历史与文化的象征。校风塑造了学校的独特形象，不同学校传递给外界的风格和印象各不相同。校训是对一所高校传统与特色的精炼表达，承载着其精神内核与价值追求。通过校歌，一所高校能够以艺术的形式展现其教育理念，不仅加深了师生间的情感联系，也营造了浓厚的艺术氛围。校徽凝聚了全校成员的智慧结晶，直观反映了该校的人才培养方向及其特色。由此可见，加强对这些显性特征的关注与建设，不仅能有效突出学校的教育哲学及独特之处，还有助于提升整体形象。

（三）支持和引导学生校园文化活动

1. 对学生校园文化活动的支持

对校园文化活动的支持涵盖学校在学生组织相关活动时提供的政策、资金及时间上的支持与帮助。丰富多彩的文化活动不仅能够充实大学生的课外生活，还能够通过多样化的实践活动提升学生的综合素质，对人格塑造和个人健康成长至关重要。此外，参与这些活动有助于培养学生的团队合作精神、持之以恒的态度以及公平竞争的价值观，从而促进他们从学术环境向更广阔的社会环境平稳过渡。

高校校园文化的建设以"培养优秀的人"为核心目标，致力于通过丰富多样的文化活动来促进人才的成长与发展。在这一进程中，学校的支持与鼓励起到了至关重要的作用，确保了各项文化活动能够顺利推进。这些活动不仅促进了来自不同院校和专业背景的学生之间的交流与学习，还对大学生的心理健康及道德、智力、身体、审美、劳动等方面能力的全面发展产生了积极影响，从而为他们未来的发展奠定了坚实的基础。

社团活动构成了高校校园文化不可或缺的一部分，学校对学生社团的发展与创新肩负着重要责任。高校应当增强对学生社团的管理力度，并支持学生基于个人兴趣爱好自主组建社团及参与社团活动，以此为学生提供一个能够充分发挥自己才能的良好环境。不同学校的社团活动内容会有所差异，可以根据其性质大致归类为学术科技、理论学习、兴趣培养和社会服务等类别。组织开展多样化的社团活动，不仅能够探索大学生的兴趣爱好，还能够通过结合思想引导、知识教育、娱乐休闲以及兴趣拓展等形式的活动吸引学生积极参与，进而促进大学生综合素质、协调发展和个人特色的形成。

2. 对学生校园文化活动的引导

校园文化的独特性取决于高校的具体特点，每所学校都形成了自己独特的文化风貌。在引导校园文化活动的过程中，应鼓励学生平衡通俗文化和高雅文化的关系，并积极支持他们参与更深层次的文化实践。此外，还应当利用多种渠道获取外界最新资讯，并将这些信息整合起来，以此来加强校园与社会间的思想文化交流。通过提供丰富且贴近现实生活的文化内容，可以激发大学生的参与热情，从而使校园文化更加丰富多彩，影响力也得以扩展。

（1）发挥大学生先进典型的示范、引导作用

在大学生群体里，可以观察到两类人群：一类是作为模范代表的学生群体，另一类则是普通学生。模范代表在促进高校校园文化的发展、继承以及丰富校园生活方面扮演着至关重要的角色。他们不仅能够通过自身的言行树立良好的榜样，还能够激发并影响周围的同学，成为引领其他学生成长的典范。

（2）发挥知名校友的示范、引导作用

杰出校友，即那些在各自领域内拥有显著影响力的高校毕业生，构成了高校不可或缺的重要资源之一。他们不仅是校园文化推广的宝贵材料，而且能够通过多种方式激励在校学生追求卓越。例如，可以将这些成就卓著的校友肖像及其事迹制成展示框，并悬挂在教学楼内部的墙面上，以此实现"墙壁会说话"的效果。此外，在学院或学校的庆祝活动中邀请这些知名人士返回母校进行演讲或分享会，也能够有效地激发学生对个人成长与成功的渴望。

（四）建设与开掘高校物质文化

大学校园文化的直观展现往往体现在其环境之中。一个优雅且设计良好的校园不仅能够让学生感受到其独特的文化氛围，同时也对学生的审美意识与道德品质产生积极的影响。这种通过环境来影响人的方式，在教育体系中被视为培养人才不可或缺的一部分。对于新生而言，初入校园时所形成的第一印象至关重要，这一印象通常是基于他们对校园物质文化环境的直接观察而形成的，其中包括校园的整体布局、教学楼的设计风格、教学设施的质量以及环境卫生状况等方面。

1. 重视"第一印象"

每当新学期开始，学生对学校最初的感受往往来自校园内的物质文化环

境。这种环境不仅能够直观地反映出一所学校的教育氛围及其管理水平，同时也直接影响着学生对学校的认同感。例如，在假期期间，尤其是暑假，某高校通常会对校内设施进行一系列的改善工作，如重新粉刷大门和墙壁、翻新食堂以及在校门口增设一些能够体现其师范特色的新景观。这些改变不仅能给返校的学生带来惊喜，也让初次踏入校园的新同学感受到这里独特的文化魅力。由此可见，在构建积极正面的校园形象过程中，注重打造良好的"第一印象"至关重要，应当予以高度重视。

2. 重视文化传播媒介

校园物质文化直观地反映了校园文化的内在特质，其构成要素涵盖设施、建筑、环境以及传播媒介和形象产品等方面。其中，文化传播媒介与形象产品体现了师生共同的精神追求和价值观，具体表现为高校应依据自身特色设计宣传栏、海报展示区、学报、校刊等传统媒体形式。此外，在新媒体时代背景下，构建具有独特风格的校园文化网站，并促进学生对这类平台的关注也变得尤为重要。通过融合知识性、思想性、服务性和趣味性的内容，充分利用新媒体手段推动校园文化建设，可以有效提升学生的参与度和认同感。

3. 开发形象产品

高校校园文化蕴含着一系列独具特色的物质元素，这些元素以具体的文化产品形式展现出来，如录取通知书、校徽、校标、校牌、校旗、明信片、贺卡、信封及画册等，它们共同构成了学校独特的文化风貌。特别是录取通知书，不仅承载了学生被录取这一重要信息，其设计风格还深刻反映了所在学府特有的文化和悠久的历史传统。

第三节　高校文化育人的意义

高校的文化教育作用可以从宏观、中观及微观三个维度进行深入探讨。从宏观维度来看，它对增强国民整体文化素质以及促进国家建设具有不可替代的价值；从中观维度来看，这种文化教育是形成良好个人品德的关键途径，并且对培养全面发展的个体至关重要；从微观维度来看，它体现在对学生思想观念与行为模式的正面引导和规范上，发挥着基础性的作用。

一、提升国家文化软实力

"软实力"这一概念由美国哈佛大学教授约瑟夫·奈于 20 世纪 90 年代首次提出，与依赖物质力量的"硬实力"形成了鲜明对比。软实力的作用在于其无形却强大的影响力，主要体现在政治体系的魅力、价值观的吸引力以及文化对人的深远影响等方面。特别是文化软实力，被视为国家综合实力的重要组成部分之一。随着各国间竞争日益激烈，软实力的构建变得尤为重要。加强一个国家文化软实力不仅有助于提升民众的整体素质，还能够促进国家在多个维度上的综合能力发展。高校在此过程中扮演了传承和发展民族文化的关键角色，通过教育传播优秀传统文化，来增强国家文化软实力。

（一）高校文化本身是社会先进文化的重要组成部分

高校文化在社会中扮演着引领者的角色，其教育质量往往直接关系到整个社会的文化水平。通过传授中国悠久的历史文化遗产，学校能够增强学生的文化意识和理解力，进而促进国家文化的持续传承与发展。在此过程中，具备较高文化素养的师生群体展现出了独立思考、独特见解以及坚定信念的特点，同时他们还拥有敏锐的洞察力、活跃的思维、创新突破的能力及果断的决策力，这些特质对于推动社会文化进步具有极其重要的作用。因此，加强高校的文化育人理念与提升其软实力，是实现文化自觉与自信、增强国家综合实力的关键途径之一。

（二）高校的根本任务是人才培养

高校通过举办一系列的文化娱乐活动，营造了浓厚的文化氛围，进而构建起独特的校园文化环境。这种特色鲜明的文化背景不仅促进了学术探索与知识追求，还鼓励学生深入挖掘学问的真谛及文化的内涵。培养人才是高校的核心使命之一，而这一过程需要全面的学习和理解作为支撑。利用文化熏陶来实现教育目标，不仅能够强化社会主流价值观的认可度，还能够持续不断地向社会输送具备良好文化修养的优秀人才，从而在无形中提升国家的文化软实力。值得注意的是，虽然这种方法对于提升国家文化影响力的作用并非一蹴而就，但其长远且深远的影响却是不可忽视的。

（三）国际交流合作已成为高校新的重要职能

在国际交流与合作的背景下，高校扮演着关键角色，这主要体现在其文化功能上。高校的文化职能涵盖培养国际化人才、开展科学研究协作以及促进学术与文化交流等方面。其中，高校通过文化教育对个人成长的影响尤为显著。当中国高等教育机构与海外院校进行互动时，它们通过展现自身价值观、教育理念及校园形象，成为外国人了解中国文化的一个窗口。从某种意义上说，外国学生对中国文化的认识，在很大程度上取决于他们在所在高校所体验到的文化氛围及其留下的印象。因此，在参与国际交流的过程中，中国的高校应当努力呈现具有本土特色的价值观和文化遗产，以此来推广中华文明至全球各地，并让世界各地的人们感受到其独特魅力与广泛影响力。此外，此类跨文化交流还为国内高校提供了学习并采纳国外同行优秀实践的机会，有助于提升自身的文化建设水平。这些活动对于增强国家的文化软实力有着深远的意义。

二、落实立德树人根本任务

立德树人的理念根植于古代，尤其在春秋战国时期便已形成，体现了中国悠久的历史文化特色。这一概念在中国传统思想中占据着不可或缺的地位，强调不论个人成就达到何种层次，树立良好的道德观始终是做人的基石。培养一个人的品德并非一蹴而就之事，而是需要通过家庭、学校乃至整个社会环境中的持续熏陶与教育逐渐塑造而成的过程。立德树人提倡以长远视角培育人才，这不仅是自古以来教育领域所遵循的基本原则之一，也是贯穿教育始终的重要价值观。

一直以来，我国坚持社会主义核心价值观的教育理念，尤其注重立德树人的文化传承。这一理念的核心内容体现在以下四个方面：思想与政治相结合被视为提升个人综合素质的关键；思想政治教育面向的是全体社会成员，而不仅仅局限于学校环境或学生群体；加强立德树人导向下的思想政治教育被认定为教育体系中的首要任务；秉持育人为本、德育为先的原则是教育实践不可或缺的一部分。

立德树人这一理念的核心在于将社会发展与公民教育紧密结合。因此，它在人才培养过程中扮演着不可或缺的角色。

"立德树人"这一概念由"立德"与"树人"两词构成，其核心理念在于强调教育的根本目的是培养人才，并将道德教育置于优先地位。其中，"立德"的含义是指确立以道德教育为核心的原则；而"树人"则指的是通过教育过程使个体成长为全面发展的人。在此过程中，"立德"被视为实现"树人"目标的基础条件之一，反之，"树人"也是检验"立德"成效的重要标志。具体来说，"立德"不仅涵盖对个人品德（如社会公德、职业道德、家庭美德和个人修养）的塑造，还包括对人们思想意识层面（如世界观、人生观、价值观）的培养。因此，在促进学生在德智体美劳各方面均衡发展的大背景下，立德树人的实践显得尤为重要且不可或缺。

个人的文化修养水平在很大程度上取决于立德树人的成效。就立德而言，高等教育机构的文化是整个社会文化不可或缺的一部分，通过充分发挥这种文化的教育功能，不仅能够加深学生对社会主义核心价值观的理解与认同感，还能够促进他们主动践行这些价值观，进而实现"立德"的目标；从树人的角度出发，高校的文化环境，特别是在精神层面和制度层面，对学生有着深远的影响。例如，良好的学习风气、有效的管理机制以及丰富多彩的文化活动等，都在培养学生良好学习习惯、激发创新意识及塑造健康人格等方面发挥着不可替代的作用。

"以文化人"这一理念强调了文化在教育过程中的核心作用，通过传播特定的文化价值和知识来促进个人的全面发展。值得注意的是，在高等教育环境中，尽管具体的知识点可能会随着时间流逝而逐渐淡忘，但文化对个体成长的影响却是深远且持久的。因此，在高校推行立德树人的教育方针显得尤为重要，它不仅反映了培养品德高尚、能力全面人才的目标，而且表明了构建积极向上的校园文化是达成此目标不可或缺的一环。

三、适应学生思想行为的特点

思想政治教育是一种通过向学生传授特定内容，并引导其采取相应行动的过程。为了有效提升此类教育的时效性，关键在于深入了解学生的独特属性及其特征，只有全面掌握了这些信息，教师才能制定出有针对性的教学策略。如果教师未能准确把握思想政治教育的核心概念及特性，则很难有效地将知识传递给学生，进而影响教育成果。因此，教师需要明确自身的教学思路，对大学生开展一系列关于思想政治教育的理论讲授与实践操作，这被证明是提高大学生思想政治素质的有效途径。

在当今时代，中国大学生面临着国内外形势的不断变化。随着经济全球化的加速发展，人们传统的观念逐渐被打破，在全球范围内催生了多元的思想文化潮流。社会环境的持续变迁促使经济结构发生调整，进而影响个人的生活方式与决策模式，呈现出多样化特征。特别是在互联网技术日益普及的大环境下，新兴的问题和挑战层出不穷，这对当代青年的价值观产生了深刻的影响，使其表现出一系列显著特征，如强烈的爱国情怀、情感上的敏感倾向、高度的自我认同感以及鲜明的个性表达等。当探讨西方国家的思想体系与文化底蕴时，往往难以避免地受到其文化的熏陶。这一过程既可视为全球化进程中的自然现象，也是文化交流不可或缺的一部分。

在高等教育领域，如何有效落实立德树人的教育目标以及如何提升大学生思想政治教育的质量与效果是亟待解决的关键问题。针对这些问题和挑战，高校应当增强思想政治理论教育的工作力度，及时纠正过时的教学方法，并通过理念、内容及手段上的创新来达到更佳的育人成效。文化对于学生的全面发展具有不可忽视的作用，它不仅能够促进文化的传承与发展，还能够通过文化传播和创造的方式对学生进行培养。具体而言，在高校校园内，精神层面的文化可以帮助学生树立正确的价值观；制度性文化为学生的行为规范提供了指导；物质环境中的文化元素有助于提升学生的审美鉴赏力；而行为示范作用下的文化实践则有利于个人品德的塑造。

第二章

高校文化育人的内在
机制与文化建设

高等教育机构的核心职责在于培养人才及推动知识创新。深刻理解人才培养与知识创造的本质、价值及其内在规律，构成了高校的根本认知基础。相较于其他类型的教育机构，高校的教学活动始终处于最优先位置，这意味着以学生为中心的教育理念已经成为高校精神的核心组成部分。唯有妥善解决教育领域的问题，才能确保高校的教育使命得以实现。

第一节　高校文化育人的内在机制

一、高校文化育人思想

我国各高校以促进就业和服务社会为目标，大力开展文化育人活动并取得了显著成效，尤其是在提升学生专业技能方面，为中国特色社会主义建设培养了大量高素质技术技能型人才。不过，在这一进程中，不少高校对于文化素养和人文精神的培育有所忽略，这对学生的全面发展及长远发展能力构成了挑战。当前，高校的文化教育面临诸多问题。准确识别这些文化教育领域存在的问题，并深入探究其成因，是实现文化熏陶与职业技能培训并重目标的关键所在。

从历史上看，英国高校侧重于通过全面的教育来培养人才；德国高校更倾向于以科学研究为导向，旨在培育学术精英；而美国高校则特别重视激发学生的社会责任感。尽管各国在人才培养的具体目标上存在差异，但在利用文化熏陶促进个人成长这一理念上却有着显著的一致性。对于任何一所高校及其教育工作者而言，在构建校园文化的过程中强调其育人价值是至关重要的任务之一。我国高等教育体系的发展也遵循了相似的原则，无论是丰富多彩的校园生活，还是广泛开展的人文素质教育活动，都是实现文化育人目标的重要途径。

（一）文化育人的学理性讨论

学校教育之所以存在，是因为青少年及大学生的素质发展与增强无法单纯依靠个体自发地实现。然而，教育成果的好坏不仅受到教师的影响，更关键的是学生内心对于所学内容的接纳程度，教育实践证明了教学成效在很大程度上取决于知识内化的质量。高校文化通过营造或优化良好的外部文化氛围，使学生能够在特定的文化环境中受到影响，从而激发其自我完善的需求。

利用文化的力量来达成教育目标——"教而不教"，被认为是教育的理想状态。相关研究表明，高校文化的育人功能主要通过构建教育环境，在潜移默化中对学生的思想观念、价值观以及行为习惯产生积极影响，以此实现教育目的并提高教育质量。

人才培养体系涵盖培养目标、知识架构、教育模式、教学制度以及师资力量等要素。这些要素以不同程度影响着学生的成长，从而决定了教育成果的质量。值得注意的是，尽管学校特别设计的教学方案与选择体现了外部环境对教育过程的重要性，但仅凭严格的规章制度来促使教师更加投入地传授知识及学生更加勤奋地学习是不够的。因此，如何激发师生内在的积极性，形成积极向上的生活态度与价值取向，成为构建学校文化责任的一部分。文化教育旨在通过营造一种无形而深远的文化氛围，潜移默化地塑造个体的思维方式和行为习惯，使师生在浓厚学术文化的熏陶下自觉追求学问，并逐渐培养起自我约束的能力。基于此理解，将文化融入高校的人才培养体系中便显得顺理成章了。

文化教育的重要性根植于高等教育机构培养人才的主要职责之中，这意味着高校文化建设的核心也在于教育本身。改革开放以来，高校校园文化和人文素质教育的起源与发展历程，实际上都是对文化教育实践的具体体现，尤其是人文素质教育的实际应用。早在1995年9月，一次高等教育工作会议就对如何通过文化来培养人才进行了深入探讨，并提出了开展高校文化育人工作的四项基本原则。

（1）提升学生的文化素质是一项需要长期投入的任务，在高等教育机构中实施这一目标时，应当摒弃那种追求短期成效、重视智力培养而忽视道德教育、偏重理科知识传授而轻视人文精神熏陶的做法。基于此，有必要从当代社会的需求出发，探索新的视角与价值观念，来重新规划和布局高校的文化素质教育工作。

（2）为了适应时代发展的趋势，高校的文化教育应当积极响应改革开放政策，具备国际视野，以此来不断拓宽我国文化教育的界限。

（3）在推进高校的文化教育工作时，应当充分考虑到我国当前的教育现状。各地区需依据自身实际情况，制定切实可行的文化教育策略。

（4）高校的文化培育工作是其思想政治教育体系中的关键环节，高校应当从全局角度出发，通过加强思想政治教育活动的实施，来促进文化教育事业的发展。

（二）高校文化育人思想的实践

高校文化育人教育理念对高校文化教育实践具有重要的指导作用，为文化育人实践提供了合理且合法的支持。为了有效推进文化教育，在此过程中需要特别重视并强化以下三个关键领域。

1. 培养理性精神

在高校文化育人中，首要任务是培育学生的理性精神。梁漱溟先生关于理性的见解颇具特色，其一，他认为"中国人较早地开启了理性思维"，但这种说法并非赞美之词，而是暗示它可能并不适合当时的社会环境。其二，"人类之所以能够理解诸多情感和道理，是因为具备了理性；同样地，对于自然界的认知，则依赖于理智"。梁先生还进一步区分了中国早期的理性观念与西方人擅长利用理智的区别，指出这并不是说我们本质上更加理性，而是中国式的理性与"欧洲大陆理性主义"之间存在差异。后者强调的是确定事物普遍价值后才采取行动的原则，反映了一种关于自我身份（即"我究竟是一个有头脑、有理性的人，还是一个受欲望驱使的人"）以及理想人格特质（如"怎样的人更伟大"）的价值观。高校致力于培养学生的理性品质，不仅因为它关乎追求真理与承担社会责任的道德信仰，也因为大多数高校旨在将学生塑造成社会栋梁之材，让他们能够在远离尘嚣之地或重要岗位上发挥影响力。只有在理性精神指导下，他们才能坚守内心的真善美，并且树立起"国家兴亡，匹夫有责"及"青年当自强不息"的理想信念。因此，在高校通过文化熏陶来塑造年轻人的过程中，必须不断强化内心对知识、真理、美好愿景和社会责任的认识，并培养出即使面对虚假仍坚持真实、即便遭遇邪恶也能守护善良、即使看到丑陋也能维护美好的决心。高校文化教育实践中重视理性精神的发展，主要是为了避免学生成为席勒所批评的那种为了个人利益而求学的人，这些人读书仅仅是为了获得官职带来的好处或改善物质生活条件；或者是欧文·白璧德在其著作《白璧德与中国文化》中所鄙视的那些过分关注外在财富、权力、地位而非事物内在价值的人；又或者是钱理群教授所描述的那种高智商却过于功利、善于利用制度为自己牟利的"精致利己主义者"。更重要的是，高校文化教育通过加强理性精神的教育，可以提升公共知识分子群体的整体水平，特别是在当前社会理性精神逐渐衰退的情况下。一个国家的伟大与否及其未来发展前景的好坏，在很大程度上取决于该国公民是否拥有健全的理性意识。

　　当代大学生承载着国家未来的希望，他们是否拥有深厚的文化底蕴和高尚的道德情操，以及能否以理性态度分析并解决实际问题，直接影响着社会主义文化的发展与繁荣。这些内容为高校在培育学生理性思维方面指明了方向。关于如何塑造这种理性精神，有观点认为年轻人应当以陈寅恪、蔡元培两位先贤作为人生楷模。这两位学者不仅对我国教育事业做出了杰出贡献，而且从各自独特的视角推动了中国文化的现代化进程。一方面，他们在20世纪分别促进了东西方古典及现代主流文化价值观在中国社会中的传播；另一方面，其个人品质也令人称道——坚持独立思考、倡导言论自由，并且尊重传统文化伦理。他们将个人的生命价值融入实际行动中，为中国文化添砖加瓦，并通过树立良好的道德典范、发表深刻见解、创造辉煌成就来实现生命的意义。可以说，他们既是儒家理想中的君子，也是西方人文主义理念下的典范人物。高等教育机构除了教授专业知识外，更重要的是帮助学生成长为具有健全人格、积极向上世界观、正确价值观和社会责任感的人才，这也是职业教育追求的更高目标之一。

2. 营造学习化生态环境

营造并强化高校的学习环境，使其成为师生共同追求知识与实践的理想场所，是文化教育理念实施的重要组成部分，也是培养师生良好习惯的重要方面。习惯在此指的是人们在自然状态下自发形成的行为模式，以满足日常生活的基本需求。例如，当年中央电视台的一位记者向美国篮球明星科比·布莱恩特求证关于他每天清晨四点就前往球场练习超过 2000 次投篮的传闻时，科比平静而坚定地确认了这一点。面对记者进一步询问是什么驱使他保持这种状态的问题，科比简洁地回答：“这已经成为我的生活习惯。”实际上，在个人职业道路上取得成功的过程中，良好的习惯往往比单纯的理想或毅力更加关键。高校学习生态体系的建设目标在于促使学习活动成为教师与学生日常生活中不可或缺的一部分，即使没有外部压力也能自然而然地发生。正如俄国心理学家巴甫洛夫所言，“不良的习惯会摧毁一个人”，但“好的习惯则能成就一个人”。作为肩负传播知识与推动科学发展重任的机构，高校不仅能够培养学生对科学的敬畏之心、热爱之情以及探索精神，还能帮助他们在充满诱惑的社会环境中找到一片宁静之地，专注于书桌前勤奋地汲取知识。

高校应当致力于构建一个有利于师生共同成长的优质环境，通过积极主动的研究活动来激发学生对书籍的兴趣、对真理的追求以及对学习的热情，从而培养珍惜每一分每一秒用于自我提升的好习惯。简言之，高校需营造一种特别的社会文化氛围，在这种氛围中，知识探索自然而然地成为师生生活的核心组成部分、日常习惯乃至生活方式，进而确保教育过程的有效性和研究工作的成果丰硕。

3. 培育高校理想主义氛围

培育理想的高校文化氛围是教育事业的第三大目标。高校的理想主义实质上是指一所高校所秉持的一系列理想与信念，这些理想与信念根植于对现实世界、社会生活以及自我认知体系的深刻理解之中，并体现在其使命、职责、目标及其满足需求的方式上。这种追求高远价值和坚定信仰的态度，既是公众对高校的美好期待，也是高校应当坚守并传承下去的精神财富和文化精髓。文化作为个体成长环境的一部分，其影响力不容小觑。因此，一个特定的校园文化将不可避免地塑造出与其相匹配的学生群体。优秀的学府必须拥有自己独特的优质文化，因为它们不仅重视文化的培育，更注重通过文化建设来实现对学生品格的影响。高校理想主义的核心在于对真理、善良、美好及实用性的不懈追求，这使得这种精神在校园文化中占据着至高无上的地位，从而对师生产生了不可替代的作用。此外，高校的理想主义不仅体现在有意识地追寻价值真理、善行、美学享受以及履行社会责任上，还体现在积极主动地影响和塑造师生对于这些价值的认知与实践上。

高校的理想主义作为一种与时代紧密相连的价值追求，不仅高度重视科学与理性，而且特别强调个人发展对社会、国家及未来的重要贡献。这种理想主义要求高等教育的发展不能脱离社会进步的大背景，同时也强调了教育在推动国家发展方面所承担的社会责任。当代青年学生不应仅仅将学习的目的设定为个人成长，而应将其与国家和社会的整体发展相结合。高校在其人才培养过程中，应自觉地致力于构建这样一种文化氛围：既崇尚科学精神和真理探索，又注重培养能够肩负起社会责任的知识分子。高校的文化使命在于育人，实现这一目标的关键，在于通过"追求真理，崇尚科学"以及"对国家负责、社会担当"的理念来影响学生，而非依赖传统教学方式中常见的空洞说教或严格管控。如果要使高校的理想主义文化建设达到其目的，即培养出具备坚定科学信念、高雅文化素养、高尚道德情操以及高度责任感的人才，就需确保这些价值观念深入学生心中。具体而言，科学信念让学生更加理性，文化熏陶使他们变得更为善良，道德教育促使他们追求美好事物，而社会责任感则让他们的行动更具实际意义。

综上所述，高校在人才培养过程中要体现一种精神层面的理想主义文化和价值导向。

二、高校文化强国思想

党的二十大报告提出"增强中华文明传播力影响力"的任务要求，为新时代新征程提升国家文化软实力、加强国际传播能力建设、推动中华文化更好走向世界，指明了前进方向。这一举动再次强调了构建文化强国的迫切需求。自 20 世纪中叶以来，随着知识经济与文化时代的到来，高等教育机构承担起了培养高级人才及促进知识创新的责任，并增强了其社会职能。如今，高校已成为一个国家文化力量的关键组成部分，更是推动国家文化软实力增长不可或缺的力量。因此，在提升民族文化实力和加速文化强国建设方面，高校扮演着至关重要的角色。可以说，这种观念的形成及其实践是加强国家文化竞争力的自然产物，体现了高校文化内在特质与国家文化建设需求之间的高度契合。

（一）文化强国的学理性讨论

关于高校文化学理性的探讨，不仅需要在文化权力逻辑的基础上构建理论支撑，更关键的是为提升高校的文化能力提供切实可行的指导方针。通过实践探索如何促进不同文化理念之间的融合与建设，对于构建强大的文化软实力至关重要。科学理性地发展文化是实现文化强国目标不可或缺的一部分；当这一必要性得到广泛认同后，强化文化力量的重要性便显而易见了。

人类文明的演进史实质上是历史文化的发展历程，这体现了理性与现实的视角。这一观点已成为学术界的共识。从文明和文化的定义来看，两者都被视为涵盖了精神、制度、物质、科学及教育等方面财富的综合体现，反映了人类社会发展到特定阶段的状态。简言之，"文明与文化共同构成了一个民族全面的生活方式，其中文明是文化扩展的结果"。马修·阿诺德曾指出："文化对于人类承担着至关重要的职责，在当今世界尤其如此。"由此可见，文化和文明的发展紧密相连，文化作为推动文明前进的实际工具，应当与文明同步发展。文明体现了文化的核心价值，即文化追求的目标；而文化则是文明的具体展现形式。若脱离了人类这个主体，无论是文明还是文化都将失去存在的意义，因此可以说人是两者的核心所在。从最终成果的角度观察，文明与文化不仅构成了人类赖以生存的基础环境，同时也是人们为了适应变化不断调整和完善的结果。文化作为一种意识上的结晶，在本质上反映了人类文明的发展水平，二者之间存在着明显的正相关关系。通过文化可以洞察到文明的发展状况及其成熟度。基于这样的理解，塞缪尔·亨廷顿对文明与文化之间的关系进行了阐述："文明是一个民族在其独特的文化创造过程中所形成的产品。"由此我们可以推断出，任何一个伟大的文明国家必然也是一个拥有深厚文化底蕴的国家。高等教育机构肩负着传承与发展文化的重要使命，它们通过开展以文化创新为目标的教育活动，在促进人类文明进步方面扮演了直接且关键的角色。换句话说，教育的历史演变在某种程度上也是文化历史发展的缩影，同时教育也在实践中推动了文化的繁荣与文明的进步。这就是为何常有人认为评价一国实力应看其高等教育机构的质量，而评估一所高校则需考察其内在精神。一个国家的文化发达程度往往可以通过该国的学校特别是高校来衡量。所以，对于任何一个民族或国家来说，构建文化强国必须依靠高校作为引领力量和发展引擎。在探讨文明、文化与高等教育之间的关联时，可以发现高校不仅是实现这两者发展的基石，而且在建设文化强国的过程中起着不可或缺的关键作用。

社会的需求构成了高校存在与发展的重要基石。无论是人才培养、知识创新还是服务社会，这些活动都是基于促进社会发展这一目标而进行的选择。高等教育具备极强的实践性质，与我国的社会实践紧密相连，因此展现出显著的社会属性。受此影响，高校文化也带有强烈的社会特征，这一点至关重要。所谓高校文化的"社会性"，指的是其价值并非局限于校园之内。如果将高校文化仅仅视为追求内部和谐与自我完善，则会削弱其对于社会的贡献和意义。随着社会越来越倚重高校在引导和推动进步方面的作用，高校与社会之间的关系发生了转变，通过改造和引领社会，高校实际上成为塑造社会走向的力量之一。那么，高校如何有效地承担起改革、创新以及影响社会的责任呢？关键在于充分发挥自身所拥有的先进文化和精英文化的积极作用。高校强调自主性和自治性的目的，在于能够按照教育规律培养人才，并为社会发展提供知识支持。作为先进文化的主要承载者，高校自然而然地肩负起了建设文化强国的历史使命。

强化高校的文化建设，是由其开放性、国际性和竞争性的组织特性所决定的任务与责任。为了提升民族文化的软实力，我们必须致力于增强在国际舞台上的话语权。权力的概念是在国际比较中形成并在全球背景下被定义的。因此，高等教育的力量不应仅以规模或发展速度来衡量，而应关注教育质量以及对国家乃至全人类社会发展的重要贡献。同样地，构建文化强国也应遵循类似的原理。作为国际比较的一个指标，文化力量包含了两个关键要素：一是强大的国家文化软实力；二是具有国际影响力的话语权。高校是形成这种软实力的关键组成部分。值得注意的是，鉴于高校肩负着培养高级人才和推动知识创新的核心使命，令它们成为追求效率的机构。因此，相较于其他类型的社会实体，高校更倾向于向国际社会开放，并展现出更高的竞争力。唯有通过积极融入国际交流并参与全球竞争，高校才能迅速吸引到顶尖智力资源，从而缩短与其他国家同类机构之间的差距，从根本上提升自身竞争力。从这个角度来看，高校主要依靠国际化策略来扩大生存空间和发展潜力。鉴于高校竞争力构成了国家整体竞争力的基础，故而高校文化的国际影响力及其在全球对话中的地位对于实现文化强国目标至关重要。

鉴于文化软实力在国际竞争中所扮演的关键角色，高等教育机构应当在其助力国家文化建设的过程中赋予文化软实力更高的重视度。如果将高校的文化教育视为其发展的基石，那么基于这种文化的管理理念则是对其思想层面的一种升华。无疑地，这种文化力量体现了高度发达的国家在文化和意识形态领域的成就。正如高等教育机构肩负着独特且不可替代的责任与使命一样，在构建强大国家文化的过程中，它们同样承担了其他任何组织都无法替代的任务和职责。

（二）高校文化强国思想的实践

在当今社会，高校的文化建设扮演着至关重要的角色，这已成为学术界广泛认同的观点。一个文化强国的形成离不开高校的独特贡献，这一点已经得到了学者的一致认可。之所以如此认为，是因为研究显示高校不仅能够通过其教育实践来强化国家的文化实力，而且还能够提供其他教育形式所不具备的独特文化价值，为国家的文化体系增添不可或缺的元素。高校文化对于推动国家文化建设具有重要作用，它通过引领观念、培养人才、促进理论创新、提供知识资源以及加强国际交流等方面，为文化的传承与发展提供了坚实的支撑。关于高校如何参与文化强国建设的具体路径，已有众多研究进行了探讨。我们可以将高校在助力文化强国方面的作用归纳为以下三个主要层面。

1. 致力于高等教育强国的建设

教育是推动国家进步的根本，高等教育体系的健全与否直接关系到一个国家能否实现持续发展。高校作为我国高等教育体系的重要组成部分，在促进经济社会发展中扮演了关键角色。放眼全球，那些在国际舞台上占据领先地位的国家往往拥有强大的高等教育体系。美国及部分西方发达国家便是这一现象的典型例证。衡量一国实力的一个重要指标是其在全球经济中的竞争力，而根据 QS 公司对 144 个国家和地区进行评估的结果显示，在"高等教育和培训"以及"创新"这两个维度上排名靠前的国家和地区，如瑞士、新加坡、芬兰、荷兰等国，在这两个领域的表现尤为突出。这表明，"高等教育与培训"的质量对于提升国家创新能力具有直接作用。相比之下，中国在此方面的排名相对靠后，这对我国增强国际竞争力和激发创新活力构成了挑战。通过观察不同国家的发展历程可以发现，高等教育的质量直接影响着科学技术的进步水平，进而决定了国家的整体竞争力及其创新能力。因此，重视并不断提升高等教育质量应当成为我们追求的目标之一。从更广泛的文化视角来看，没有哪个文化力量能够在不首先强化其高等教育能力的情况下取得成功。换句话说，高等教育的力量构成了文化影响力的基础，而文化影响力的构建离不开高等教育的支持。

高等教育的力量并非空泛之谈，而是通过高校间的实力较量与创新活力所体现出来的实际成果。因此，在构建高校教育体系的过程中，迅速发展一批能够与国际领先水平相媲美、具备全球竞争力的高等学府，已经成为我国亟待解决的关键问题。若缺乏此类机构的支持，文化强国的梦想将失去人才支撑和科学基石。一个文化繁荣的国家应当充分利用高等教育在推动社会发展及民族进步方面的关键作用，激活高校文化在社会整体文化中的生命力。文化强国建设、高等教育的发展以及高校角色三者间存在着密切联系，高校通过积极促进高等教育事业的成长，为实现文化强国目标贡献力量。这种内在联系决定了高校需承担起培育先进文化观念和社会意识的历史重任，引领社会文化的前行方向，助力文化强国战略的实施。鉴于高校本质上肩负着选择、传承与发展组织文化的使命，并通过知识传播特别是人才培养与科学研究直接参与到高等教育强国的建设中去，故而可以进一步明确高校与文化力量之间的关系：首先，高校的知识产出、科研活动及其成果构成了文化影响力不可或缺的基础；其次，由于高等教育能力与文化影响力的本质相通，高校上述工作的质量直接影响文化影响力的层次；最后，在当今世界，尽管国家和地区间的竞争体现在经济、社会乃至文化发展的多个层面，但最终决定性因素还是在于人才的竞争。

在中国高等教育的发展历程中，应紧密对接国家与社会的整体发展趋势，并具备国际视野，致力于培养一批高素质的应用型人才。这不仅能够引领职业培训的文化潮流，还能够有效推动国家的人才强国战略。缺乏高层次人才的支持，任何关于建设强大国家的梦想都难以持久实现。文化强国的构建对高校培养人才提出了广泛且迫切的需求。相较于其他社会组织，高校在这一过程中扮演着更为直接、紧密以及相互依赖的角色。因此，高校承担着更加重大的使命和具体的责任，在文化强国建设方面发挥着不可替代的作用。将高校的文化理念与实践提升至国家战略层面，是强化国家文化力量的关键一步。简言之，必须从思想观念到实际行动上加强高校对于增强国家文化实力的贡献，通过完善高等教育体系来奠定坚实的人才基础和深厚的文化底蕴，从而从根本上提升我国的文化软实力及其在全球范围内的影响力。

2. 致力于先进文化使命的践行

党的十八大在国家、社会和个人层面提出了"富强、民主、文明、和谐，自由、平等、公正、法治，爱国、敬业、诚信、友善"作为社会主义核心价值观。这一系列价值观的提出，标志着中国意识形态领域的一次重大革新。这些社会主义核心价值观对于构建文化强国具有重要意义，不仅为国家的文化建设指明了方向，还设定了具体的价值追求目标，使文化建设更加切实可行。随着时代的发展与国际竞争的加剧，重视并实施文化强国策略变得尤为关键，这需要将相关理念融入教育体系中去。缺乏明确的社会主义核心价值观指导，任何关于文化强国的梦想都将难以实现。因此，在高等教育机构内推广这些基本价值观，并将其融入职业教育课程之中，对于帮助学生形成正确的人生观和世界观至关重要。在这个知识经济快速发展的新时代背景下，促进先进文化的传播和发展，成为高校不可推卸的责任之一。积极培育和践行社会主义核心价值观，加快文化强国的步伐，不仅是高校履行其文化使命的具体表现，也是加强文化强国思想教育的实际行动。我国要实现中华民族伟大复兴，必须重视社会主义文化的塑造与发展，通过引导全体公民树立高尚的道德情操和价值取向来不断提升我国人民的文化素质及精神追求，增强国家整体的文化软实力。作为一个承载着理想主义色彩的文化理性实体，高校应当发挥自身作用，在推动民族文化发展和社会文明进步方面贡献力量，以支持"实现中华民族伟大复兴，推进社会主义文化强国建设"。

3. 致力于文化国际竞争力的提升

文化实力与国家竞争力共同构成了一个国家综合实力的重要组成部分，

同时也是民族兴盛的具体体现。因此，持续增强我国的文化整体素质，并致力于提升国家竞争力，成为当前文化建设的核心追求。如果将文化力量视为基于本土坐标体系、旨在提高民族文化内在质量的概念，那么文化竞争力则更多地体现在国际比较的层面上，如同高等教育强国或文化大国一样。这两个概念本质上都是文化能力的表现形式，但前者侧重于静态展示文化的力量，后者则通过文化竞争的过程动态地展现文化影响力。在构建文化大国的过程中，如果高等教育的主要目标是强化文化实力，那么文化竞争力的培养就需要放眼全球，在国际文化交流、对比以及竞争中得到锻炼与发展。这样的交流不仅能够扩大各民族文化的全球影响力，还能够拓宽我们的国际文化视野，发现自身文化的不足之处，从而吸收世界各地先进文化的精髓。实际上，文化竞争力反映的是文化在国际和地区层面的影响力度，这种影响力有助于国家在国际事务中获得更多的发展机遇。虽然文化实力为文化竞争力提供了基础支撑，但任何国家的文化都必须通过参与国际文化交流和竞争来证明自身的存在价值及其实际水平。例如，中国传统文化因其悠久的历史而具备一定的先天优势，然而，倘若没有得到充分挖掘、提炼以及对外传播的机会，它也只能处于一种"养在深闺人不知"的状态。由于缺乏外部挑战，其竞争力也就难以确定。纵观全球，不存在文化竞争力薄弱却能成为文化强国的情况。文化竞争力作为衡量国家文化发展状况的关键指标，在推进文化建设和发展的过程中，我们需要对其有深刻的认识并进行有效的构建，以不断提升我国的文化竞争力。

文化强国的构建与文化竞争力的提升，其根基在于人才和知识的竞争实力。人才培养及知识创新正是高校的核心任务所在。一方面，高校肩负着传播时代最前沿、最高水平知识的责任，这使它们相比其他机构更加开放且具有国际视野；另一方面，唯有通过参与国际竞争，高校才能紧跟全球高等教育的发展步伐，吸收并掌握顶尖的教学方法与研究成果，从而确保教育质量和科研水平的持续提升。因此，在国家致力于增强文化国际影响力的过程中，以高效运作和高度国际化为特点的高校，在地理位置优越以及时机恰当时具备显著优势。基于此，推动文化强国建设成为高校不可推卸的重要使命。尽管现代大学体系起源于西方文化背景之下，但一旦这些学府扎根于某一特定民族之中，便会受到本土文化的深刻影响，并作为该民族文化的一部分参与到国际交流与竞争中去。因此，加强对外来文化的融合与学习，同时促进本民族文化的国际传播，展现其独特魅力，成为高校在当前全球化背景下责任与担当。

应当明确的是，我们所讨论的文化国际竞争，并非旨在实现某一方对另一方的替代或控制。在一个多民族、多文化并存的世界里，其真正的目的在于促进不同国家间文化的交流与理解，鼓励相互学习对方的文化精髓，从而达到彼此间的尊重、认可及融合，最终推动全球文化的和谐共生与人类文明的持续进步。正如塞缪尔·亨廷顿在《文明的冲突》书中所指出的那样，在"冷战"结束后，"文明的冲突"作为一种新的分析视角和思考模式被广泛用来解读当今及未来的国际政治局势。这一框架强调了在全球范围内正在形成的新文化认同感的重要性，预示着未来将出现一种普遍接受的价值观体系下的世界性文化。然而，这并不意味着本土或地区特色文化的消亡；相反，随着全球化进程加深，这些独特的文化形式将继续发展并与普通文化共存。在重塑现代文明的过程中，防止文明间冲突的关键在于加强各国之间的文化交流，以增进不同文化背景下的群体间的相互理解和协作。有效的文化对话不仅要求参与各方地位上的平等，还需要确保各自文化价值得到充分尊重，这是实现真正意义上的文化平权的基础。尽管存在像亨廷顿这样的观点，认为简单地将世界划分为两个对立阵营是无益的，但现实中人们仍倾向于用"我们"与"他们"的二元对立思维来看待不同群体或国家。由于财富、文明程度及历史背景等方面的差异，这种区分往往导致强势社会试图征服弱势社会甚至对其进行殖民统治的现象。通过开展深入且平等的文化交流活动，可以从根本上消除上述偏见与不公现象，而这一过程需要建立在所有参与者拥有平等发言权的基础上。值得注意的是,获取平等对话的机会不应依赖他人的恩赐,而是要通过增强自身民族文化实力及其国际影响力来实现。这也是高校在建设文化强国过程中致力于提升本国文化国际竞争力的重要原因,唯有当一个国家的文化具备强大的国际竞争力时,它才能够在国际舞台上获得应有的尊重与话语权。

本书讨论的文化竞争,并非指国家之间的直接对抗,而是旨在通过促进不同文化背景下的相互理解和认同来推动文化交流。实现这一目标的有效方法之一是加强国际的文化互动,这不仅是高等教育机构的优势所在,也是其肩负的使命。我国多位学者对此持有相似观点。例如,上海社会科学院提出的文化力量不仅需要具备自觉设计文化体系的能力,树立社会共同体的社会主义核心价值观,创造具有吸引力的文化魅力,并发挥创新驱动的力量,同时还需要拥有促进文化交流与国际文化贸易的强大实力。夏文斌在其关于文化力量及高校角色的研究中也指出:"在构建文化强国的过程中,高校扮演着至关重要的角色。这主要是因为高校既是学术研究的重要基地,也是文化探索和传播的关键场所。推进文化的持续发展、创新以及提供有效的文化服务平台,对于增强跨文化交流至关重要。"加强国际文化沟通不仅是内容上的交流,更是打造文化强国的一种策略。所谓文化强国,指的是一个国家的文化发展水平处于世界领先地位,并能对其他国家的文化进步产生显著影响。唯有通过不断的对外文化交流,才能进一步扩大中华文化的全球影响力,提升我国的文化竞争力,从而巩固我国在全球范围内的文化和政治地位。

促进国际文化交流具有双重意义。首先,有助于积极推广本国文化,从而增加其在国际社会中的影响力与认可度。例如,孔子学院和孔子课堂便是中外合作的典范项目,旨在全球范围内传播汉语及中国文化,为提升中华文化的国际地位做出了重要贡献。其次,通过吸收国外先进的文化理念,可以拓宽人们的国际视野,实现人类文明成果的共享。不同民族和国家间对于彼此文化的尊重与接纳是衡量社会进步的重要指标之一,在当今这个多元文化并存的时代尤为重要。减少文化冲突的有效途径之一是增进对其他国家文化的了解与认同。因此，加强文化建设，推进跨文化交流活动，对于推动任何国家或民族的发展都至关重要。第二次鸦片战争后，清政府内部以曾国藩、张之洞为代表的洋务派开始反思自身落后的原因，并尝试学习西方先进文化，希望以此来改变清朝面临的困境。他们提出了"中学为体，西学为用"的思想，即在坚持中国传统伦理道德的基础上，引入西方现代科学技术及其教育制度，以期增强国家实力。尽管洋务运动未能彻底解决清政府所面临的问题，也未能引领中国走向独立自主的道路，但它开启了中国人向外界学习的新篇章，开阔了知识分子的眼界，促进了科学和技术领域的发展。

第二节　高校文化建设

一、高校文化素质教育建设

（一）专才教育带来的时代反思

20 世纪 90 年代中叶至 21 世纪初，高等教育领域就文化素质教育展开了广泛的探讨与实践。学生文化素养作为其整体素质的重要组成部分，深刻影响着其学习态度、思考模式及行为习惯的形成。唯有通过长期的文化教育与良好文化氛围的浸润，大学生才能发展出较高的文化素养。在此过程中，需重点关注三个核心要素以有效提升学生的文化水平，即高校学生的审美趣味、文化志向以及教师的文化素养。其中，高校特有的文化环境，特别是精神层面的文化传承，构成了实施文化素质教育的重要基础；而文化素质教育本身也是推动校园文化建设的有效手段之一。因此，文化素质教育是高校推进文化建设不可或缺的一环。

20 世纪 50 年代初期，我国高校经历了一次重大变革。在这次变革中，许多高校内部的院系被重新组织成独立的学院，并据此对学术领域进行了更为细致的专业划分。尽管此次改革主要针对的是传统意义上的高校，但众多职业学校同样受到了影响，一些应用性强的专业逐渐融入了职业教育体系之中，从而为今日我国职业教育框架的构建奠定了基础。这次改革的核心目的在于快速培育国家所需的专业人才。在该时期，我国的职业教育体系很大程度上借鉴了苏联模式，注重专业技能训练。这种以培养精通某一领域的专家为目标的教学方式持续了约半个世纪之久。然而，随着时间的推移，人们开始意识到这种方法虽然能够有效培养出具备特定知识与技能的人才，却难以造就那些不仅拥有广泛学识，还能灵活运用这些知识进行创造性思考的现代复合型人才。

自20世纪90年代起，随着改革开放政策初显成效，社会思想日渐开放，教育界开始探讨如何在新的经济环境下改进职业教育体系，并对21世纪所需人才类型进行了深入研究，倡导了全面发展的教育理念。受此观念影响，高校的教学思路逐渐转变，不再局限于单纯的职业技能培训，而是更加注重学生综合素质的培养。这一阶段，周远清、杨叔子、王义遒及胡显章等学者基于素质教育理论与实践的变化，总结了文化教育对于提升学生整体素质的重要性。他们提出了一种创新性的文化素质教育模式，并在多所高校中实施。长期以来，"重理轻文""重专业轻通识"的办学方针导致高校对学生人格塑造方面的忽视。20世纪90年代中期，在时任华中理工大学（2000年组建为华中科技大学）校长杨叔子的支持下，该校率先启动素质教育改革试点项目，推行了一系列相关措施。此举引起了社会各界广泛关注，多家媒体对此进行了报道并表达了支持态度。华中理工大学开展的文化素质教育实验被视为中国高等教育现代化转型的重要标志之一，同时也标志着我国人才培养策略从理论探索迈向实际操作的关键转折点。

（二）贯穿于课堂内外的文化素质教育

自华中理工大学率先探索素质教育以来，我国于1995年正式拉开了文化素质教育建设的序幕。这一计划实施后，清华大学、南京大学以及北京大学等高校作为首批试点单位，积极参与到了素质教育改革的实际操作当中，旨在为后续我国高等教育体系内的教育革新与素质教育推广积累宝贵经验。文化素质教育的核心在于培育既有深厚专业知识和技能，又具备良好的价值观和文化素养的复合型人才。1998年，教育部发布《关于加强大学生文化素质教育的若干意见》，在该文件中明确指出了当时推进大学生综合素质培养的重要性和紧迫性。1999年，中共中央与国务院联合发布了《关于深化教育改革全面推进素质教育的决定》，从国家层面进一步强化了对学生文化素质提升的关注，并连续多年对相关工作做出具体规划与指导，使文化素质教育迅速成为我国高等教育改革议程中的关键议题之一。

文化素质教育标志着我国高等教育理念的一次重大转变，体现了对教育卓越性的不懈追求。实践证明，推行这一教育模式不仅显著提升了学生的综合素质，改善了他们的精神状态，而且优化了高校的文化环境，增强了学校的文化底蕴与追求。文化素质教育贯穿于课堂教学及课外活动之中，它不仅促进了学生人文素养的提升，还要求教师具备相应的文化修养和人文情怀，并将这些品质传播至校内外的学习环境中。1995 至 2005 年，文化素质教育作为我国高等教育改革的关键方向之一，在推动高等教育质量方面取得了显著成就，这期间涌现出一批积极投身于文化素质教育改革的高校，它们积累的成功案例为我国素质教育的发展及高等教育整体水平的提升树立了典范。在此过程中，多次召开的相关研讨会深入探讨了如何有效实施文化素质教育，并积累了宝贵的经验，为我国进一步推进素质教育奠定了坚实基础。

高校在发展过程中，应当给予文化素质教育足够的重视和支持。基于我国文化素质教育改革的经验及相关研究，接下来的内容将从多个角度对如何有效实施文化素质教育进行探讨。

1. 第一课堂和第二课堂相结合

所谓基础课程，是指在推行文化素质教育时需关注的关键点，如在必修课与选修课的教学过程中融入文化素质教育的内容。这种教育模式不仅涵盖了科学知识的传授，也强调了人文素养的培养，因此，在文科学科的教学中应当适当引入自然科学的学习材料；而在理工科目的学习中，则应加强文化素养方面的教育。总之，教学活动的核心在于促进学生综合素质的发展，唯有如此，才能真正实现学生的全面成长。此外，除了课堂上的正式教学外，教师还应重视课外活动的设计，如举办多样化的校外活动和艺术节，以及丰富多样的社团活动，通过这些非正式学习渠道进一步增强学生的人文修养，从而全面提升其综合能力。

2. 加强校园人文环境建设

文化教育是一个漫长而复杂的过程，它与传统的课堂教学有着显著的区别。唯有通过长期的熏陶，才能使文化理念和意识逐渐内化为学生个人的文化特质，从而有效提升其文化素养。为了实现这一目标，高校应当充分利用正式课程与课外活动两大平台，采取双轨并行的方式，共同促进学生综合文化素质的发展。除此之外，构建积极向上的校园文化环境也至关重要，这不仅需要注重物理空间设施的建设与完善，还应致力于打造富含独特文化底蕴的物质环境。在高校层面的文化环境营造过程中，需紧密结合学校的教学实践及其所处的社会背景，既满足学校自身发展的需求，又能适应社会文化的变迁趋势，将高校文化建设有机融入社会主义文化的整体发展框架之中。

3. 开展社会实践活动

参与社会实践活动对于当今高校学生而言，是提升其文化综合素质的关键路径之一。在此过程中，学校应当充分考虑学生的特性，精心设计并实施符合他们学习与发展需求的社会实践项目，以此切实推进学生文化素养的培养工作，确保这一目标能够通过日常教育活动得以实现。

文化素质教育的核心目的在于提升高校学生的综合人文素养，促使他们在学术认知上达成人文社会科学与自然科学之间的和谐统一。值得注意的是，在这一教育理念的实际操作中，并非所有高校均遵循同一模式。各高校依据自身的实际情况及所在地区的特色，探索出了符合自身发展需求的道路，同时积极吸收借鉴先行试点院校的成功经验，以期通过多样化的教学内容和教学方法来丰富和完善文化素质教育体系。

（三）注重人文素养与科学素养的统一

从文化素质教育的核心理念、实施背景及其初衷出发，可以看出这种教育模式致力于提升高校学生的人文素养与科学素养。它旨在纠正高等教育中普遍存在的"重理轻文""重专业轻通识"的不平衡现象。此教育形式的特点主要体现在以下三个关键方面。

1. 以文化素质为重点，注重人文素养与科学素质的统一

文化素质是个体综合能力的一种外在体现，其覆盖范围比我们日常讨论

的人文素养更加宽泛。季羡林先生作为一位杰出的文化学者，曾多次强调了这一点的重要性。文化素质由物质文化和精神文化两个层面构成；而人文素养主要聚焦于精神文化的领域。确切地说，文化素质的培养应当兼顾人文素养与物质文化的发展，唯有两者相辅相成，才能在真正意义上促进学生个人文化水平的整体提升。无论是出于实施文化素质教育，还是整体素质教育的目的考虑，人的全面发展始终都是这二者追求的核心目标。因此，在实际的文化教育活动中，高校必须坚持以人为本的原则，致力于促进学生的全面成长，从而确保他们能够获得更高质量的文化修养。

2. 课程文化、教学文化、管理文化的反映

改革开放以来，我国启动了学生文化建设的进程。这一阶段，学生文化构建的核心参与者主要是学生群体本身，相比之下，教师及其他教职工参与度较低。然而，提升文化素质不仅是学生的责任，也是高校管理者和教育工作者共同面临的课题，在培养学生的人文素养方面，他们同样扮演着至关重要的角色。对于管理层而言，合理规划教学大纲与教学目标是推动文化素质教育的关键，不仅要在课程设置上有所体现，还应当将其纳入学校长远发展规划之中。而对于教师来说，则需将文化素质的培养融入日常授课，并不断提升个人的文化修养与人文底蕴，以身作则，成为学生学习模仿的对象，从而促进学生人文精神及综合素质的全面发展。

3. 全面化、系统化、规范化，针对性强

我国对于系统化、全面化的规范实施，尤其是在高校素质文化教育领域，进行了科学合理的规划与安排。例如，教育部《关于加强大学生文化素质教育的若干意见》强调，在当前国情背景下，推行文化素质教育的主要路径和方法涵盖以下四个方面。

（1）通过将文化教育整合进主课程，并且充分利用课外活动资源，使两者相辅相成，共同发挥作用，可以有效提升学生的全面文化素质。

（2）将文化素质教育贯穿于专业教育始终。教师在讲授专业课程时，要自觉地将人文精神和科学精神的培养贯穿于专业教育始终，充分挖掘和发挥专业课对人才文化素质养成的潜移默化作用，把文化素质教育的有关内容渗透到专业课程教学中去，使学生在学好专业课的同时，也提升自身的文化素质。

（3）校园文化的建设构成了文化素质教育不可或缺的基础，对于促进学生综合人文素质的发展而言，营造一个积极向上的校园文化氛围显得尤为重要。

（4）社会实践活动作为推进社会文化教育的关键平台，在当前高校实施文化素养培育的过程中，应当充分挖掘并发挥其独特价值。

（四）教育理念上的创新和提升

文化的时代特征是其根本属性之一，在进行文化素质教育时，高校应当高度重视这一特性，并将其与我国社会主义建设的实际状况相结合，持续更新高等教育中文化素质教育的内容和主题，致力于培养具有时代意识的高素质人才。从 1994 年底提出的"三注"到 1998 年的"三个提高"，再到 2005 年提出的"三结合"，这些阶段性的新理念反映了文化素质教育领域内的创新与发展。在推进文化素质教育的过程中，我国积累了一些宝贵的经验，主要体现在以下几个方面。

文化素质教育的进步不仅有效地补充了人才培养体系中的短板，促进了具有人文与科学综合素养人才的培养，还发挥了吸收并传承中国优秀传统文化的重要作用。此外，它也推动了高校在文化理论研究方面的发展，对我国高等教育体制的改革和进步起到了积极作用。

实施文化素质教育时应重视其独特性，即在维护文化的地域特色与民族特性的同时促进文化创新。文化素质教育的进步促进了高校的课程、教学及管理等方面的改革，彰显了高校在构建课程文化、教学文化和管理文化方面所做出的努力。

文化素质教育的推广与实践不仅充实了我国教育体系的内涵，也促进了校园文化的自我革新和完善。这一过程为高校未来的持续发展构建了稳固的文化根基。

文化素质教育在中国的教育体系中占据着举足轻重的地位，它构成了具有中国特色社会主义教育体系不可或缺的一部分。

二、高校文化建设路径

高等教育在中国教育体系发展和完善的过程中扮演着至关重要的角色，在具有中国特色的社会主义教育体制中的地位尤为突出。高校培养出的大批应用型人才，不仅能够助力国家的社会主义现代化进程，还能够显著提升劳动者的整体素质。因此，在高校内加强文化素质教育，以增强学生全面的文化素养，显得极为重要。

（一）高校的社会地位越发突出与重要

随着对文化素质教育实践与理论研究的不断深入，我国高校在提升学生综合人文素养方面取得了显著进展。然而，构建全面的文化教育体系是一项复杂而系统的任务，仅依靠单一方面的进步难以实现整体水平的飞跃，仍有许多工作亟待完成。基于此，从高等教育本质属性出发，学术界致力于将研究热情推向新的高度，在高校文化建设领域引领学校发展及文化塑造的方向。21 世纪初以来，在校园文化和文化素质教育的基础上，高校进入了主动推进文化建设的新阶段。

高校文化构建与研究的兴起，是时代发展的必然产物。21 世纪初以来，高等教育机构在全国范围内的重要性显著提升，其社会地位也随之增强。此外，社会各界包括学校和家庭对高等教育的关注达到了前所未有的高度，并对其抱有更高的期望。从更广泛的角度来看，高等教育的进步不仅影响着社会的整体进步，还关系到国家的繁荣与发展。因此，在提升国家综合实力方面，高等教育的作用日益凸显。为了促进人类文明的发展，高校承担了传播知识、批判性思考及创新发展文化的重任，以此来丰富和扩展人类的文化遗产。实际上，文化的影响力正深刻地反映在现代国家的活力、团结力以及创新能力上，这使高等教育在社会发展中的角色变得更加关键。作为重要的文化载体之一，高校在推动人类社会向前发展过程中应当履行其应有的职责和使命。

步入 21 世纪，国家的发展越来越依赖高层次人才的培养以及优秀文化的传承与创新。这一过程中，高等教育机构在人才培养、文化继承及创新方面所扮演的角色变得日益关键，对于社会进步乃至民族发展具有深远影响。高校之所以重视文化，是因为其本质属性决定了文化在其内部占据核心地位。从长远角度来看，高校通过创造和传播知识来满足人们的基本需求，并承担着推动文化变迁和社会转型的重要职责。此外，文化不仅是高校使命中不可或缺的一环，更是其精神支柱之一。基于这样的认识，在 21 世纪初，许多高校就开始更加主动地投入文化建设之中。

（二）制度文化、精神文化、物质文化及行为文化

21 世纪初以来，有关高校文化构建的研究不仅在理论层面取得了显著成就，在实际操作中也展现了积极的效果。许多高校的决策者与管理者开始更加重视校园文化的建设工作，如制定相关规划，增加对文化建设的投资，并组织关于"高校文化"主题的讲座及论坛活动。这表明，从政策制定到具体实施，高校的文化建设都受到了广泛的重视。1999 至 2009 年，在教育部和各高校的共同推动下，举办了多场以"高校文化建设"为主题的研讨会。这些会议讨论了诸如设立"高校文化研究与发展中心"、启动中国高校文化百年研究课题等标志性事件。这一系列举措不仅对于促进高校文化建设具有重要的实践意义与学术价值，同时也体现了该时期社会各界对加强高校文化建设和研究的高度关注。

2002 年 9 月 1 日，大学文化研究与发展中心在北京正式成立。据初步统计显示，在成功完成了国家哲学社会科学重点课题"先进文化建设中的大学文化"之后，该中心进一步提出了一个名为"中国大学文化百年研究"的项目，计划从历史与文化的角度出发，对中国近现代高等教育体系的发展变迁进行全面而深入的科学分析与总结，以期为未来我国高等教育事业的发展提供有价值的参考依据。

在高等教育机构的文化建设实践中，众多院校通常会基于自身的历史积淀与发展现状，并结合相关教育政策指导方针，来规划符合各自特色的发展路径。这种做法旨在通过构建独特的校园文化体系，促进教育质量的持续提升以及学生综合素质的全面发展。

高校的文化建设主要围绕精神文化、制度文化、物质文化和行为文化的构建展开。

1. 精神文化建设

高校精神与校训、校风、学风、师德等重要标志紧密相连。无论是校园文化还是其精神层面，都不是由个人或特定领导者的思想单独塑造的，而是存在于理性与情感之间的复杂领域。它们的形成遵循着一定的自然法则，是多种因素长期互动和融合的结果。对于我国高等教育机构而言，一个积极向上的精神文化环境不仅有助于营造良好的学习氛围，还能帮助学校形成独特鲜明的文化特质，为学校的长远发展奠定坚实的文化基础。精神文化建设构成了当前高校文化建设的核心内容，也是我国教育体系中文化和教育发展的关键所在。例如，大连地区的高校强调加强战略规划，深化教育理念，弘扬地方高校精神，培育丰富的文化土壤，并促进哲学和社会科学领域的繁荣。再如，陕西某高校，在构建其精神文化方面采取了简洁而正式的方法，通过制定详细的学科精神文化手册，全面系统地解释其办学宗旨、校训及精神内涵，并加强对其哲学思想和校训精神的宣传教育，使之成为全校师生共同追求的价值观和文化认同感，同时注重对历史文化的传承。值得注意的是，精神文化建设不仅是一系列政策文件的规定，它更深层次地体现在高校的具体行为及其成员的思想活动中，反映了整个学校的内在精神风貌。

2. 制度文化建设

在高校文化建设方面，制度文化的建设不仅体现了高校文化建设过程的目标导向性，同时也是其实现路径与保障机制的关键组成部分。建立健全的高校文化制度，旨在推动精神文化的繁荣，并为文化教育提供坚实的制度基础，这是当前阶段我国高等教育领域内文化建设和教育制度改革的核心任务之一。《国家中长期教育改革和发展规划纲要（2010—2020 年）》第十三章第四十条强调，为了构建一套既符合中国国情又满足社会主义文化发展方向要求的高校文化体系，需要广泛参考现有的研究成果，并在此基础上紧密联系社会实际及职业教育的发展趋势，制定一套适合现阶段我国高校发展的文化政策。

例如，陕西省高等教育机构着重从三个层面推进其制度文化的建设：首先，制定并公布适用于陕西高校的章程；其次，构建一个能够支持高水平教育机构发展的治理与管理体系，进一步理清学校、学院及基层学术单位之间的职能分配、责任界定和权力范围；最后，实施校务透明化政策，以增强内部管理的公开性和透明度。

大连的高等教育机构在体制建设和文化培育方面提出了具体的策略：加强民主管理体系的建设；优化学校的礼制规范；保障各项规章制度的有效落实；推进现代化高校治理结构的完善。

在湖南高校的文化建设与教育过程中，着重文化制度的建立和完善。基于依法治国的原则，进一步加强民主管理机制，汇聚各方智慧，以制定出能够反映当前高校发展特征的文化制度体系。

高校制度文化建设构成了院校文化发展的重要组成部分。现代高校体系的设计与实现不仅能够显著推动教育机构的进步，还能够有效支持人才培养、科研活动及社会服务的开展，并促进文化的传承与创新。此外，它还为学术自由、学校自主管理以及教授参与校务决策等现代化管理模式提供了坚实的制度基础和法律依据。由此可见，加强和完善高校的制度文化建设是当前文化建设和文化素质教育的关键任务之一，在我国高等教育体系构建及学生全面素质培养方面发挥着至关重要的作用。

3. 物质文化建设

对于高校而言，物质文化的构建不仅对学校及其成员的生活质量产生深远的影响，而且它还深刻地渗透并融入了精神文化和制度文化的构建之中。

物质文化建设的范畴广泛，它包括校园环境的美化、教学设施的完善、图书资源的丰富以及科研条件的提升等多个方面。通过精心设计的校园景观，可以营造出一个宁静、优雅的学习氛围，这不仅能激发学生的求知欲和创新精神，还能为师生提供一个舒适的学习和工作环境。同时，先进的教学设备和充足的图书资源，不仅能提高教学效果，还能满足师生多样化的学习需求，促进知识的传播和学术的交流。此外，良好的科研条件更是推动高校科研创新、培养高层次人才的重要保障。因此，物质文化建设在高校的发展中占据着举足轻重的地位，它对于提升学校的整体竞争力和影响力具有不可忽视的作用。

4. 行为文化建设

行为文化建设构成高校文化建设的核心要素，其内容涵盖师生的行为规范、价值观念、道德风貌等多个维度。优良的行为文化对于引导师生确立正确的世界观、人生观和价值观，以及推动校园和谐稳定的发展具有重要作用。

在推进行为文化建设的过程中，首要任务是明确师生的行为规范。高校需制定具体的行为准则，引导师生在日常学习、生活和工作中恪守社会公德、职业道德和家庭美德，确保言行一致、以诚信为本。此外，强化师生的法制教育，提升其法律意识和法律素养，以确保其遵纪守法、维护社会公平正义。

其次，行为文化建设亦需重视价值观念的培育。高校应通过多样化的教育活动，引导师生确立正确的价值导向，追求真理、善良和美好，摒弃虚假、邪恶和丑陋。同时，应积极传承和弘扬中华民族的优秀传统文化及时代精神，以增强师生的文化自信和民族自豪感。

此外，道德风貌的塑造亦是行为文化建设的关键环节。高校应重视师生的道德品质教育，培养其高尚的道德情操和良好的道德风尚。通过树立和宣传先进典型，激励师生学习先进、追求卓越，从而营造积极向上的校园文化氛围。

（三）不断深化高校文化功能

在高校文化建设的过程中，其文化功能得到了显著的拓展与深化。当前阶段，高校文化的建设旨在促进高等教育的发展，这一过程不仅涉及概念上的转变和制度层面的完善，还包括重塑校园精神、优化校园环境以及开展一系列有利于高校发展的文化活动。此阶段的特点可以从以下多个维度进行阐述。

1. 文化活动层次较高

相较于校园文化的构建及其相关文化元素的转换，我国早期的文化素质教育及高校内的文化教育内容展现了更显著的实际价值，在推动高校文化建设的过程中应当被优先考虑。这不仅反映了高校精神和文化素质的重要性，也体现了高校管理层对此领域的重视程度。《国家"十一五"文化发展规划纲要》发布以来，各高校积极响应文件精神，开展了一系列的文化实践活动，并着手编制了符合自身特点的文化建设方案。在这一过程中，众多高校党委书记与知名学者积极参与其中，将《国家"十一五"时期文化发展规划纲要》的制定视为一项关键决策任务。

2. 更加全面具体

从高校的文化建设规划及其实施来看，21世纪的高等教育机构更注重精神文化、制度文化、物质文化和行为文化等多个维度的发展。这些方面通过具体的行动和实践得以体现。此外，许多高校还积极推行了一系列文化建设项目。例如，在推进校园文化建设的过程中，有的高校依次启动了旨在提升精神面貌、物质条件及师生行为规范的相关项目。

在高校义化建设中，精神文化的建设不仅涵盖校风的传承与发展，还包括对学校历史的学习以及良好学风的培养。物质文化作为高校文化建设不可或缺的一部分，同样需要得到充分重视。这方面的建设工作涉及校园基础设施的完善、人文景观的设计与构建，以及诸如高等院校网站建设和文化产品的设计等具体项目。从某种角度来看，高校的人文素养教育是其文化建设的重要组成部分，也是全面实施素质教育的一种实践方式。这种教育活动综合体现在多个方面，包括但不限于校园文化的塑造，旨在提升学生的人文素养和整体文化水平。

3. 目标明确

随着对高校文化建设研究的不断深化及实践经验的日益丰富，我国当前的高校文化构建与早期的文化素质培养相比，在目标设定上更为清晰，并且在内容架构方面也更加完善。基于各校的具体状况，相关机构已经制定了为期 5 ～ 10 年的文化发展纲要，这些文件详细阐述了现阶段高校文化建设的主要方向。明确的文化发展目标为实际操作提供了指导方针，从而有助于实现更佳的文化建设成果。

（四）推动文化育人思想的实现成为普遍共识

高校文化建设的初衷在于通过教育实践充分发挥文化教育对人才培育的支持作用，从而全面提升我国高等教育的质量，为社会主义建设输送更为全面的人才。改革开放以来，我国高校的文化育人模式经历了从单纯的文化知识传授向综合文化素质培养的转变，在此过程中，对于文化教育在人才培养中所扮演角色的关注度也有所增加。无论是在哪个发展阶段，文化教育的理念始终贯穿于高校文化建设之中。

高校的核心使命在于人才的培育与教育。通过文化教育，高校不仅能够提升其教学质量，还能够赢得社会的认可，这是构建现代化高校的基础方法之一。高校文化建设反映了时代对高质量教育的需求，同时也是高校自身发展不可或缺的一部分。在学术界，许多研究者从不同角度探讨了文化和教育之间的联系以及它们对于高校的意义，如高校如何获得文化属性、文化资产如何影响教育等议题。部分学者基于学校的根本性质，深入解析了高校文化育人的本质，认为高等教育的目的在于传授实用技能、探索真理、培养创新思维，并为社会主义建设输送新型人才。文化和教育之间存在着紧密不可分割的关系。回顾文化概念的发展历程，"文化即教育，教育即文化"的观点也逐渐被广泛接受。鉴于教育本身具有显著的文化特征，尤其是作为高等教育重要组成部分的职业技术教育，在其教学内容中同样体现了强烈的文化特质。当前，我国高校正在积极加强文化建设，这已成为提升高校综合实力的一种普遍共识，无论是在理论研究还是实践应用层面都取得了显著进展。

然而，高校的文化建设对于提升学生培养质量的具体影响程度，需要通过长期的研究探讨及实践验证来明确。文化建设的方向是否得当，直接关系到高校整体发展方向的正确性，进而决定了高校能否成为我国社会主义现代化进程中新型人才培养的关键力量。对高校理解上的偏颇往往会导致其在文化建设和教育实践中遇到诸多挑战乃至出现不合理的情况。针对这些问题，下文拟从两个主要方面进行归纳总结。

首先，在高校的文化建设过程中，"四改"与"四建"的问题尤为突出。在对于文化建设的认知上，部分高校的领导或相关政策制定者存在一定的偏差，导致了建设措施不够合理。例如，一些学校倾向于盲目模仿其他院校的做法，认为通过改变校风、美化校徽、优化校训或是改进校歌曲调便能显著提升学校的形象。然而，这种仅注重表面变化而忽视内在精神传承的做法实为不智之举。更改校名可能意味着割裂了其悠久的历史传统；修改校徽往往加入了过多个人化的元素；调整校训则侧重于文字上的华丽而非实质内容；重新编排校歌也可能只是为了迎合潮流。这些行为实际上破坏了原有的校园文化体系，并对高校的精神造成了伤害。此外，某些高校过分重视物质环境的营造，如追求奢华的大门设计、将博物馆视为展示形象的手段，甚至不惜牺牲自然景观来建造所谓的人文景点，以及基于主观臆断而非科学规划地设立文化制度等做法，不仅浪费了大量资源，还助长了一种攀比浮夸之风。鉴于上述种种问题，"四改"和"四建"受到了广泛批评，相关方面应当给予高度重视。

其次，高等教育机构在文化构建过程中往往表现出一定的同质化和缺乏明确方向的现象。这种现象指的是某些高校在推进文化建设与教育活动时，倾向于直接复制其他院校的做法，而忽略了自身独特的环境条件和发展需求，从而导致其文化定位不够精准，难以体现学校独有的特色及所在地区的特定背景。实际上，当前高校文化建设及教育活动的发展也经常面临质疑，批评主要集中在这些举措缺乏活力和创新精神，并且存在高度相似性的问题上。

第三章

高校文化育人存在的
问题与机制探索

在过去的二十余年，我国高等教育机构经历了西方同类机构近一个世纪才完成的从单一功能向多元职能转变的过程。这一进程中，我国高校展现了惊人的发展速度，在文化教育领域取得了显著成就，特别是在思维方式与方法论方面有所突破。然而，快速发展的同时也伴随着一系列的问题。

第一节　高校文化育人存在的主要问题

一、高校文化育人的现状

（一）高校认识到文化在高等教育中的重要性

在我国的文化体系中，"文化"一词的核心含义是指通过文化教育来塑造个人的气质与道德品质。在知识经济时代背景下，高等教育机构倾向于依据知识传授、创新及应用的原则来培养大学生，然而，这种做法往往忽略了文化教育应有的地位。正如英国哲学家怀特海所言："我们追求的目标是培养既具备深厚文化底蕴又拥有专业技能的人才。"由此可见，文化和知识之间存在着密不可分的关系，没有了文化的滋养，知识就像无根之木；缺少了知识的支持，文化则会失去方向。从根本上讲，文化教育不仅在于提升个体的品德修养，更肩负着传承与发展文化遗产的重要使命。

在市场经济背景下，高校在培养人才时需注重学生的全面发展。这不仅涉及专业知识与技能的传授，还包括道德观念的培育，旨在全面提升学生的科学文化水平和思想道德修养。为此，通过文化的熏陶和渗透，能够为学生接触并吸收人类文明精华开辟有效路径。高校的文化教育旨在教导学生如何做事、做人，并引导他们正确处理人与自然、社会之间的关系。实际上，"半个人的时代"这一概念早在20世纪40年代就被梁思成先生提出，但当时大学教育中的人文精神相对滞后。近年来，我国教育领域内外均大力倡导素质教育理念。尽管成效显著，但传统的知识教育模式仍普遍存在，表现为教育体制及方法缺乏变革。为了推动高等教育进步，使教育更加贴近文化层面，我国各高校正逐步将知识传授与文化熏陶相结合，实现两者的有机融合。

（二）育人过程尊重教育对象的主体意识增强

高校应当秉持开放、坚持、努力与创新的精神。高等教育的核心目标应是关注个人成长，将每一位学生的全面发展视为教育的根本宗旨，以此彰显其人文关怀。优秀的高校文化应当重视平等教育的原则，而不是单纯追求对社会的直接经济贡献或短期利益。真正的"以人为本"意味着，在教育过程中全面体现个人价值、幸福感、尊严以及自由和公正等原则。鉴于师生群体构成了高校教育的主要部分，教师的教学活动、科研工作及学生管理工作均应在校园内展开。因此，构建以促进人的全面发展为目标的文化氛围，对于实现高校育人使命至关重要。

在新时代的发展背景下，国家对高等教育给予了更多的重视，为高校提供了多元化的资金来源，从而推动办学规模的持续扩大、校园环境的美化以及教学设施的不断完善。在加强硬件设施建设的同时，高校还应充分发挥校园文化等软实力在教育过程中的积极作用。所有教育活动的根本目标都是培养学生成长为社会所需的人才，因此，在整个教育过程中贯彻以人为本的理念至关重要。文化建设的每个环节都应当体现这一宗旨，充分尊重教师与学生作为教育主体的地位，并始终围绕着人的全面发展这一核心主题来开展工作。随着我国高等教育体系改革的推进，越来越多的高校开始采用学分制，这被视为一种更加注重个体差异和发展需求的教学管理模式。相较于传统的学年制，学分制更好地满足了学生个性化发展的需求，它不仅增强了学生在学习过程中的主动性，还有利于优化教育资源配置、促进教师教学方法创新及提升行政服务水平。此外，在构建和谐师生关系方面，高校还进一步确立了以学生为中心的思想观念。值得注意的是，过度限制学生可能会削弱他们的积极性，不利于优秀人才的成长。

（三）高校文化育人的途径多样化

高校作为社会的缩影，其内部的变化往往能够反映出更广泛的社会变迁。

在改革开放的四十多年间，各式各样的文化潮流在校园内留下了深刻的印记。与以往强调集体学习的传统教育方式相比，当今的教育模式提供了更加灵活多样的学习环境，鼓励采用多元化的教学方法，并且不再局限于教室这一单一场所进行知识传授。新时代背景下，高校的文化建设工作变得更加丰富多彩，通过举办多样化的文化教育活动来增进师生之间的交流与互动，从而实现对学生品德和能力的全面培养。这类活动形式多样，包括但不限于科技竞赛、艺术节、文化交流研讨会、朗诵比赛、辩论赛等。值得注意的是，在这些活动中，学生社团扮演着至关重要的角色，它们不仅是活动实施的基础，也是推动高校教育发展的重要力量。

在高校的文化教育过程中，不应仅仅局限于课本知识和校园内的资源，而应充分利用各种可用资源。特别是对红色文化资源的开发与利用，不仅能为高校增添深厚的文化底蕴，还能有效改进其文化教育的方式。尽管这些资源可能带有历史的痕迹，但它们是最贴近学生实际生活的素材之一，是理论联系实际教学内容的理想选择。例如，中国著名的革命圣地河北省西柏坡，在这里举行的党的七届二中全会具有重大的历史意义。位于西柏坡中共中央旧址上的纪念馆，不仅保存了丰富的红色文化遗产，还拥有包括中共中央旧址、西柏坡雕塑园、五大书记铜铸像以及国家安全教育馆在内的诸多宝贵财富。通过将西柏坡所蕴含的红色文化资源融入高校的道德教育之中，可以指导高校的德育工作。这要求高校在课堂教学、实践活动中，乃至环境营造和网络平台建设等方面不断创新红色文化教育的形式，从而最大限度地提升高等教育的效果。

二、高校文化育人存在的问题

（一）高校文化育人的理念落后

随着科技的飞速进步、社会结构的变化、全球经济的发展以及政治环境的日益复杂，加上信息化时代的到来，全球范围内的高等教育体系正面临前所未有的挑战。这些变化不仅深刻影响着人们的思想观念、价值取向乃至生活方式，同时也促使教育领域必须作出相应调整。然而，在当前背景下，人文科学的地位仍旧较为边缘化，"重理轻文"的倾向在多国普遍存在。此外，由于实用主义思潮与市场经济机制的影响，不少高校倾向于将教育资源更多地投入能够直接促进就业能力提升的课程中去，而忽视了对基本人文素养及科学精神的培养。这种情况导致的结果之一便是大学生综合素质有所下降。如果高校继续忽略对学生的人文教育，则其承担的文化传承与发展重任也将难以实现。缺乏扎实的传统文化根基，创新活动也就失去了必要的土壤。

中国高等教育体系在培养创新精神方面存在一定的不足，这主要体现在学生个人兴趣探索与自主发现机会较少。当学生步入大学阶段时，普遍呈现出一种被动接受而非主动求新的学习状态。文化教育环节往往强调的是知识的直接获取，即所谓的"拿来主义"。在这种模式下，学生的行动更多地受到外部指导而非内在驱动的影响，从而导致原创性思维和创新能力的欠缺。鉴于此，转变现有的文化教育观念显得尤为重要，因为它是引导整个教育过程的关键因素。只有通过树立更加科学合理的教育理念，才能有效促进优秀人才的成长。因此，在开展文化教育活动时，高校应当着重于将优秀的传统文化元素融入教学内容之中，鼓励学生在接受并传承这些宝贵文化遗产的同时，激发其创新潜能，不断提升自身的思考能力和解决问题的能力。

（二）高校文化育人内涵建设薄弱

高校文化的内涵应与其所涵盖的方面相一致，这些方面包括物质条件、精神风貌、网络环境、活动组织以及教育体系等。其中，物质条件是高校文化的重要组成部分之一，而具体的教育实践则深受其制度框架的影响。最为关键的是，对学生的精神层面的培养构成了高校文化教育的核心部分，这种教育理念贯穿于整个教育过程之中。在信息技术不断进步的大背景下，网络环境在教育领域的作用日益凸显。然而，目前仍存在一些高等教育机构未能深入探讨教育的本质问题，它们往往将关注点局限于学生的思想政治教育管理及校园文化建设上，通过激发学生的文体活动参与热情来促进良好校风的形成。

当前，部分高校对于特定文化教育的关注度相对不足。这些院校往往更侧重于实践性教育，在物质建设与制度构建方面投入较多精力，而忽视了精神文化建设的重要性。就校园建筑设计而言，存在一种过分追求规模扩张而忽略了内在品质的现象，这种无序扩张虽然让许多学生感受到了环境的美化，但也带来了浓厚的商业气息，减少了文化的氛围。尽管有些高校已经认识到精神文明建设的意义，但在实践中仍存在一定的误区，使校园活动更多停留在表层娱乐和消费层面。例如，一些高校在丰富课余生活时，主要举办如歌舞比赛、棋类竞赛等休闲性质较强的活动，较少涉及知识竞赛、读书分享会及学术报告会等更具专业性和学术价值的内容。理想的高等教育模式应当是将校园文化的培育与学科设置紧密结合，实现寓教于乐的目标。然而，在实际操作中，由于对学生管理和思想教育方面的局限，导致校园文化建设未能充分发挥其应有的导向作用、凝聚效应、激励功能以及改善学习生活环境的作用。此外，作为教育管理策略之一，校园文化教育也未被充分融入整体教育规划之中。

（三）高校文化的品牌意识缺乏

一所高校的声誉在很大程度上取决于其品牌效应。从某种意义上说，未来的市场争夺战将是一场品牌间的较量，拥有强势品牌的公司和投资者将更受青睐，因为品牌影响力远超生产设施的重要性。每种文化都蕴含着独特的价值与意义，高校的文化也不例外，它同样具备鲜明的特点。例如，来自不同地区、层次以及专业领域的高校，各自培育了与众不同的校园文化，这些特色文化若得到良好发展，则能转化为强大的品牌资产。高校的文化品牌形象作为教育工作中的一个无形却极其重要的组成部分，在激烈的竞争环境中尤其能够吸引人们的注意。当前，我国部分历史悠久的重点院校在进行文化传承时更加重视保留自身特色；相比之下，一些新成立的学校则可能倾向于模仿他人，而忽视了挖掘自身优势及专业特长来规划文化发展方向，导致缺乏独特吸引力的品牌形象建设。实际上，高校构建文化品牌的过程离不开创新精神的支持。领导者须具备敏锐的品牌意识，并能够依据外界环境的变化适时调整教学内容，并基于对自身长处的充分认识，合理借鉴其他成功案例的经验，准确界定学校文化品牌的核心价值，并通过多种形式向学生传播这一理念。

进入 21 世纪，随着新老校区的分离、市场环境的变化以及多元文化的融入，高校在品牌建设方面遇到了一系列挑战。许多院校在构建校园文化品牌时存在认知偏差，过度追求知名度和发展速度，而忽视了自身传统价值的重要性。在尝试创新教育模式的过程中，一些学校偏离了实际，放弃传承自身的优良文化，误以为通过对成功案例的学习和模仿就能塑造出独特的校园文化形象。部分高校期望能够迅速建立强大的品牌形象，却没有深入探讨文化品牌背后所蕴含的教育意义及其对个体成长的影响。这种重形式轻实质的做法，容易导致文化建设陷入急功近利的状态。

（四）高校文化育人机制不健全

现阶段，我国高等教育机构在运营机制改革方面已取得一定进展，如构建了一种体现"能上能下，能进能出"特征的合理流动体系，以及遵循"效率优先，兼顾公平"原则的教学人员激励与分配制度。作为一种独特社会现象的文化，高校文化构成了整个社会文化不可或缺的一环。具有创新精神的高校文化不仅承袭了传统教育的价值观，而且着眼于未来教育的发展，在教育过程中扮演着至关重要的角色。但是，从服务于社会主义市场经济体制及满足文化教育事业发展需求的角度考量，当前高校内部机制建设仍面临若干挑战。

不论采取何种管理模式，以人为本始终是核心原则。在一些高等教育机构中，领导层往往将业务发展置于优先位置，但为了确保工作目标达成，过分侧重于业务层面而忽略了文化建设，则可能导致组织内部出现形式主义现象。文化培育的关键在于持续性，这意味着高校需要在日常的学习、生活及工作中不断付出努力。值得注意的是，部分学校在面对外部评估时表现出高度的积极性，但一旦检查结束便恢复常态，这种态度不利于长期的文化建设。高校的发展离不开充足的财政支持，无论是图书资料、实验器材的采购还是体育设施、活动中心的维护，乃至各类文化活动的举办，都需要相应的资金保障。由于资金不足的问题普遍存在，许多院校难以跟上物质文化建设的步伐，无法充分满足师生日益增长的文化需求。因此，为确保文化教育活动得以顺利实施，各高校应当积极探索多元化的筹资渠道，以保证必要的经费投入。综上所述，缺乏完善机制的支持，高校的文化教育事业将面临巨大挑战。

（五）高校文化育人合力尚未形成

高校文化的内涵应当是丰富多彩的。若要达成以文化育人的教育目标，必须重视全球范围内多样文化的交流与融合，认识到不同文化在教育过程中的重要地位，从而确保教育实践的有效性。为了实现全方位、多渠道的文化育人任务，高校需要整合各部门所拥有的多元文化资源，而不能依赖单一部门的努力，这是一个复杂但必要的过程。具体而言，文化育人的工作应该渗透到学校的基层单位中去，包括但不限于党政机关、图书馆、自习室、学生宿舍及社团等。然而，部分高校未能充分认识到这些个体单位与教育之间的紧密联系，将文化和育人活动从学校日常运作中剥离出来，导致其教育理念难以获得社会的认可。此外，某些大学社团举办的文化教育活动缺乏专业教师的指导，无法深刻体现高校文化对学生发展的价值，活动主题往往缺乏深度，参与者更多地沉浸在自我娱乐之中，忽视了活动本身的意义。这不仅限制了学术成果的传播速度，也使受益人群范围受限。

在高等教育机构中，有时对于理论课程与其他文化媒介的融合存在忽视的现象。部分观点认为，只要做好学生的思想政治教育，并开设相应思想道德课程便已足够，这种看法忽略了跨部门协作的重要性。实际上，学校的课程规划、专业设置、师资配置以及课外活动等方面应当相互配合，共同作用于学生的全面发展。高校如果想促进学生德、智、体、美、劳的均衡成长，就需要校内外多方面力量的共同努力，不仅包括课堂教学与校园生活之间的紧密联系，也涉及引入外部如企业文化和地方特色等元素，以丰富教育内涵。因此，在强化校园精神文化建设的同时，各相关部门应加强合作，积极探索并实践更加有效的文化教育模式，从而提升整体的文化教育质量。

三、高校文化育人存在问题的原因分析

随着国际竞争的加剧，对于高水平技术技能型人才的需求日益增长，使高等职业教育逐渐受到更多关注。同时，高校的文化教育也显得越发紧迫。现阶段，我国高校在文化教育方面仍面临一些亟待解决的问题。因此，深入探讨这些问题产生的根源，对于推动教育改革具有重要意义。

（一）缺乏系统规划和理论指导

1. 办学条件有限、办学时间较短

以高等职业教育为例，其作为高等教育体系的一个重要分支，其发展历程较为复杂。一部分院校是由中等职业学校升级转型而来，另一部分则是通过与其他多所机构合并形成的新实体，因此缺乏统一的历史和文化基础。即使在新的高校结构下建立起来之后，各校的文化影响依旧显著存在，这导致新形成的高校难以快速塑造出独特且一致的文化特征。此外，在这一领域内，无论是理论研究还是实践探索都尚处于发展阶段，对于如何系统性地规划、构建基于成熟理论指导下的运作模式仍有待进一步完善。

2. 急于求成

为了响应教育评估的需求，一些高校采取了扩大招生规模的方式来追求利益最大化。然而，在这一过程中，部分高校对于教育质量的考量显得过于急躁，特别是在高校的文化建设方面，往往停留在较为表面的框架之上，虽然提出了许多理论构想，但其实现难度及可信度仍有待进一步探讨。文化教育是一个长期且持续的过程，需要高等教育机构在系统规划与实践操作上给予充分指导。正如酿造美酒一样，时间越长，其品质也就越加醇厚。如果急于求成，则很可能会适得其反，难以真正实现教育的本质目标。

（二）定位不明确

1. 培养目标定位的理解停留在表层

高等学府旨在培养具备技术和实践能力的人才。在坚持文化教育理念的同时，如何准确地定位人才培养目标，是高校教育领域需要深入探讨的问题之一。然而，部分高校对于人才培养目标的理解较为肤浅，过分强调了"工具性"和"技能型"的训练，而忽视了情感与意志层面的文化熏陶作用，这使全面实现既定的人才培养目标面临挑战。

2. 办学定位趋同

当前，许多高校在办学定位方面显得有些模糊，缺乏独特性。一方面，由于教育评估体系的压力，各高校为了争取"优"等评价，往往倾向于模仿他人、建设新校区以及提升本科教学质量，这反而削弱了各自独特性的体现。另一方面，鉴于高等职业教育的发展历程相对较短，大多数院校仍处于探索阶段，尚未建立起足够的自信心。领导者往往只关注于扩大招生规模，并且与其他同类学校进行比较时，较少思考如何保证教学质量的一致性，以及如何通过自身文化特质来达成教育目标。对于实现跨越式发展所需的内涵建设，考虑得还不够充分，导致在实现高校教育既定目标上出现了一定程度的偏离。

（三）认识不够深刻

1. 高校领导人不够重视

在高校办学的过程中，领导层对于学校的发展方向和目标设定起到了至关重要的作用。由于每位领导者所秉持的教育理念存在差异，因此，在实际操作中，有的高校倾向于将招生规模作为发展的重点，甚至不惜增设新校区来扩大教育覆盖面，而忽视了对校园文化建设的投入与提升。这种做法往往忽视了通过加强文化氛围建设来提高整个学府的文化层次的重要性。

2. 未真正理解文化育人的深刻内涵

在当前的教育实践中，文化教育往往被简化为一系列校园文化活动，如社团活动和艺术表演等。同时，也有观点将文化教育局限于思想层面的教学，未能充分认识到其在高层次教育中的重要价值。因此，在高校制定教育目标的过程中，文化教育的地位并未得到应有的重视。实际上，在推动文化建设方面，许多高校仅仅满足于举办各类校园文化活动，而忽视了探索文化教育深层次的意义及其对个人成长和社会发展的重要作用。

（四）教师主导作用有待加强

1. 教师的参与度不够

在构建教育环境的过程中，高校教师扮演着至关重要的角色。除了传授文化知识，他们还承担着推动文化创新的任务。然而，在某些高等教育机构中，部分教师过分强调知识传授而忽视了校园文化建设的重要性，认为这种文化氛围是学生自然而然形成的，导致学生在参与校园活动时缺乏明确的目标导向。如此一来，不仅浪费了大量的人力、财力和物力资源，而且难以实现预期的教育效果，偏离了培养高素质专业人才的根本目的。

2. 部分教师的素质偏低

构建一个充满活力的文化教育环境，需要高质量的师资力量与优秀学生的共同参与。然而，在当前背景下，随着高校招生规模的扩大，部分高校教师的整体素质有所下降，这主要归因于某些高校在招聘过程中降低了对应聘者的要求，未能严格执行高标准和审核程序，从而聘用了个别水平较低、素质欠佳的教师。此外，还存在一些教师过分专注于个人学术研究而忽略了与学生之间的交流和互动，未能充分履行其作为知识传播者和人格塑造者的职责，忽视了通过言行示范对学生进行正面影响的重要性。

总而言之，高校教育质量的提升及优秀人才的培养，在很大程度上依赖一个积极健康的校园文化环境。此外，要建设顶尖学府，必须将文化建设融入实际工作中，通过实践来识别并解决现存的育人问题，这有助于增强高校的文化自信和自我认知能力，进而探索出一条符合自身特点的发展道路。

第二节　高校文化育人的机制和途径

一、高校文化育人机制的构建

（一）铸就高校精神，构建精神育人机制

每所高校在发展历程中，都会逐渐形成一种独特的高校精神。这种精神体现了历代师生对于高等教育理想与价值的独特追求，并将这些理念和特质深深植根于这个特殊的组织之中。高校的精神文化不仅包含了对传统知识的积累以及教育理念的传承，还融入了历代成员在推动学校发展中形成的独特愿景和个人品质。这一切共同丰富并充实着高校文化的内涵。

高校精神的塑造是一个长期的历史进程，具有一定的稳定性。但是，若缺乏人文关怀与科学探索精神的支持，高校的精神力量便会逐渐衰退，进而影响到其核心使命的达成，导致原本强大的向心力丧失。人文主义和自然科学各有侧重，前者追求善与美，并致力于将这些正面的文化价值融入科技发展之中；后者则专注于对真理的不懈追求。

1. **铸就高校精神，需要对现代高校进行准确定性与定位**

高校文化精髓的逐渐淡化乃至丧失，往往与对高等教育本质认识上的模糊不清紧密相连。在当今社会，随着各类实用主义和即时需求的影响日益加深，高校正逐步演变成一种"庞然大物"式的多面体机构。它们不仅承担着科研探索的角色，还肩负起职业培训的任务，并且有时被视作文凭发放站以及服务于特定政治经济利益的平台。遗憾的是，在这样的转型过程中，那些曾经被视为高校灵魂的自由思考、追求卓越的精神、人文关怀以及独立批判的态度正在渐渐淡出人们的视野。

2. **铸就高校精神，需要守望高校的精神传统**

如同其他任何机构，高校亦不能故步自封。发展之机在于变革，而唯一

不变的真理便是变化本身。因此，文化的演进实为延续与革新的融合。在全球文化转型的大背景下，维护和传承高校的精神遗产显得尤为关键。高校的人文精神体现于其历史传统之中。无论是西方还是中国的高等教育机构，在塑造高校精神方面均有所贡献，并且彼此之间形成了互补的关系。由此可见，构建并维系高校精神的核心价值，需立足于对既有传统的尊重与继承。

3. 铸就高校精神，需要注入时代精神

高校精神是一所学校在长期发展过程中形成的独特精神风貌与价值追求，它有着学校的历史底蕴和文化传承。时代精神则是特定时代的发展潮流和社会需求的集中体现，是推动社会进步的强大精神动力。

时代精神包含着丰富的内涵，在当今时代，创新精神是时代精神的核心要素之一。科技飞速发展，社会竞争日益激烈，只有不断创新才能在时代浪潮中立足。高校作为知识创新和人才培养的重要阵地，需要将创新精神融入高校精神之中，鼓励师生勇于突破传统思维，探索未知领域，开展创新性的学术研究和教学实践。

开放精神也是时代精神的重要组成部分。全球化进程不断加速，国际交流与合作日益频繁。高校需要以开放的姿态，积极与国内外高校、科研机构、企业等展开合作，引进先进的教育理念、教学方法和科研资源，促进学术思想的碰撞与融合，拓宽师生的国际视野和思维方式。

注入时代精神，首先要在课程体系中融入相关内容。例如，开设关于创新思维训练、全球化与跨文化交流等课程，让学生系统学习时代精神的内涵和价值，并通过实践课程、项目式学习等方式，培养学生将时代精神转化为实际行动的能力。此外，高校管理和制度建设也应体现时代精神。在人才选拔、科研评价、教师激励等方面，建立鼓励创新、包容多元的制度体系，为师生践行时代精神提供制度保障和支持。将时代精神注入高校精神，能使高校精神紧跟时代步伐，更好地发挥精神育人的作用，培养出适应时代发展需求的高素质人才，推动高校文化育人机制的不断完善和发展。高等教育机构

应当秉持与时俱进的创新态度，紧跟时代发展的步伐，正视当前社会变迁带来的挑战，克服传统观念与既定模式所带来的束缚。惟有如此，高校才能真正实现精神层面的革新与发展。

（二）完善规章制度，构建管理育人机制

学校管理涉及对内外资源的有效调度、组织、控制与协调，以达成既定目标。这种管理活动往往通过制度化的方式予以体现。学校中的各项规章制度，在其形成及执行过程中，实际上也扮演着教育的角色，影响着受管理者的价值观和知识体系。科学管理的核心在于优化教学活动的过程，从而提升教学效率与质量。任何运行良好的组织都离不开有效的管理实践，这为保障高校文化的持续健康发展提供了系统性的支持。例如，新生在适应大学生活时，尽管某些群体规范如学风会对他们产生一定压力，但新生通常会通过模仿与认同逐渐接受这些规范。然而，冲突的存在也不可忽视，它可能引发新生对现有文化规则的挑战。高校实施的各种激励措施能够有效地促进积极文化氛围的形成与发展。

高等教育机构在管理学生方面的主要目标在于提供更优质的服务，以促进学生的全面素质发展。这一过程强调以学生为本的原则，重视并引导学生群体文化的建设。所谓的学生群体文化，是指所有在校生共同遵守的行为规范、基本信仰、思维方式以及价值观念的集合体，它不仅反映了学校的本质特征，还体现了学校成员的精神面貌。高校学生管理工作的一个重要方向是构建一套有效的自我管理体系，旨在激发学生的主动性和创造性，通过信任与尊重每位学生，充分发挥他们的潜能，使他们真正成为校园生活的主导者。此外，形成一种全方位互动式的管理模式，并确立服务至上的理念也至关重要。基于学生工作的具体需求，在辅导员与广大学生的共同努力下，有效管理学生的日常生活，从而实现高等教育的目标。

（三）注重人文关怀，构建情感育人机制

在教学与学生管理过程中，教师的情感表达构成了情感教育的重要组成

部分。这种教育方式能够对学生产生深远的影响、潜移默化的熏陶以及积极的鼓励作用。在此过程中，教师应当以饱满的热情和真诚的态度对待工作，以此激发学生的学习热情，帮助他们达成学习目标。情感教育根植于教师对学生的深切关怀及对其职业的高度责任感之上。从具体内容来看，情感教育主要体现在以下四个方面。

首先，情感教育体现了教师对学生的一种关爱。教师对学生的关爱是一种融合了理性、美感及道德品质的高尚情感，并非单纯的心理反应。教师不仅应在课堂内外关注学生的生活状态，而且要以真诚的态度对待每一位学生，特别是那些在学习上遇到困难的学生，他们需要被理解和支持，其内心世界值得被探索和激励。通过展现这种广泛的爱心，教师能够激发学生积极的情感反馈，从而促进师生间的精神交流与互动，有利于开展有效的教学活动和学生管理工作。

其次，情感教育体现了教师对学生应有的尊重。教育成功的关键在于对学生的尊重。这里的尊重主要体现在两个方面：一是尊重每位学生的独特个性。在教学过程中，教师应当构建起一种基于民主和平等的师生关系，即教师与学生应以平等的身份参与到教育活动中来，共同营造一个充满尊重、接纳、关怀和支持的良好氛围，使学生能够在自由而开放的学习环境中充分展现自我。二是维护学生的自尊心。自尊是个体健康自我认知的重要组成部分，它反映了个人渴望获得来自他人、集体乃至社会的认可和尊敬的情感需求。因此，教师需要具备敏锐的洞察力去发现并培养学生的自尊感，同时采取有效措施加以保护和激发，将每位学生都视为拥有独立人格及自由意志的个体来看待。

再次，情感教育是教师对学生的深刻理解。当代大学生由于经历有限，对社会的认知尚浅，加之中国家庭教育与基础教育中存在的一些局限性，使得他们往往更加注重个人利益，在面对诱惑时容易做出不当的选择。当学生犯错时，教师需要深入理解其内心世界，全面掌握他们的学习、生活及思想动态，以爱心、包容和无私的态度引导学生正视并改正错误。为了促进学生的成长与发展，教师应不惜付出时间和精力，致力于构建一个有利于学生成长的良好环境。全心全意服务于学生的发展，见证着他们的每一次进步与成就，对于教师而言，这是最大的欣慰。

最后，情感教育体现了教师对学生的期望。教师是否热爱其职业，在很大程度上反映了他们对学生的关怀程度。优秀的教师渴望与学生建立沟通，并享受与之共同度过的时光。当不得不暂时离开学生时，这类教师往往会感到失落。对于每位学生，他们都怀揣着积极的期待，希望通过自己的不懈努力来激发学生的潜力，促进他们的成长与发展。即使面对学习进度较慢的学生，这些教师也不会轻易放弃，而是会加倍付出，以期帮助每位学生克服困难，走向成功。

（四）优化高校环境，构建环境育人机制

高校文化的形成根植于传统，并在长期的教育实践中逐渐发展而来，受到社会环境与自然条件的共同塑造。这种文化体现为师生共享的价值观念、行为准则及思考模式多方面特征。通过各类教学活动与校园生活实践，这些文化特质不仅得以传承发扬，还体现在学校的建筑风格、雕塑艺术乃至纪念名人的方式上。作为这一文化体系中的重要组成部分，大学生正处于个人成长的关键阶段，其思想行为和价值判断深受所在环境的影响。构建积极向上的校园文化氛围可从三个方面着手考虑。

1. 建设高品位校园物质文化

校园环境作为一种实体存在，直接作用于其中生活的人们。这种物质化的构造不仅体现了设计者和创造者的美学观念与价值观，还拥有直观且持久的特性。它既涵盖学校的自然景观，如地理位置与地形特点；又包括校内的各类建筑设施，如道路、草坪、雕塑、花园、河流、宿舍以及教学楼等。通过将教育理念融入这些自然及人造环境中，学校能够为师生提供一个美丽的学习与生活环境，在这里，他们可以深刻体验到蕴含的文化内涵，从而在精

神层面上受到熏陶、感染、激励乃至滋养，进而促进学生人格的发展，培养良好的习惯、道德品质以及人文素养。高等教育机构中的教室、图书馆以及其他文体设施都是这种文化传承的具体体现，它们对学生的成长有着直接的影响。因此，构建一个健康、有序、整洁且具有统一风格的校园环境对于塑造学生个性及其全面发展至关重要。

2. 建设高品位校园制度文化

校园的制度文化，由学校的规章制度和组织架构共同塑造而成，具有显著的强制性、规范性和组织性特征。这种文化对于学生价值观的培养及良好品德教育起着至关重要的作用。当被学校的学生广泛接受后，它便成了一种强有力且无形的精神传承，在师生之间世代相传，无需额外的强制措施来维持其影响力。为了更好地体现素质教育的理念与价值，高校应当在制定规章制度时充分融入素质教育的特点，确保其实现制度化。

3. 营造高品位校园精神文化

营造一个安全、舒适且富有活力的校园文化环境有助于学生更好地适应新环境，逐渐减轻他们的不安与恐惧，使他们能够更快地融入并享受新的生活环境，从而建立起对学校的归属感。高校应当倡导一种自由开放的学术氛围。师生间基于平等的交流与民主式的讨论对于培育创新型人才及激发创新思维至关重要，这为优秀人才的成长提供了宽广的舞台。此外，高校需要对失败持有包容态度，以鼓励学生勇于尝试，在正确的道路上敢于承担风险，从而使每位学生的创造潜力得以充分展现。在教育过程中，高校应始终坚持以学生为中心的原则，尊重其主体地位，探索采用多样化的教学手段来促进其智力发展，结合个性化教育与激励机制，努力构建一个令人心情愉悦、学习轻松的教学环境。根据每个学生的能力特点，重视个体差异，充分发挥个人长处，让所有学生都能成长为自信且充满善意的人。同时，高校还应当是一个兼容并蓄、对外开放的地方，积极为学生接触多元文化和前沿知识提供良好条件，在持续不断的创新实践中进一步提升学生的个性特质与文化素质。

二、高校文化育人实现路径

（一）加强课堂教学主渠道，发挥教师主导作用

1. 重视课程的合理设计，努力体现教学艺术

将知识传授与情感教育紧密结合，是提升教育质量的关键。在教学活动中，教师应当以传递知识和实施情感教育为核心目标，其中情感教育更能彰显教育的艺术性。依据课程内容，教师需要创造与之相匹配的学习情境，运用启发式等多样化的教学策略，引领学生融入生动的教学场景，从而调控学生的情绪状态，确保他们的思维能够跟随教学活动的推进而发展。情感教育贯穿于整个教学过程之中，学生的行为表现也直接受到课堂教学的影响。教师应通过适时地提供表达时机，把握每一次进行情感教育的机会，并密切关注每位学生的情感波动。此外，教师还需要利用各种方法及时纠正课堂上出现的负面情绪，促进学生积极态度的形成。

2. 重视教师情感智力的提高，努力体现教育艺术

教师肩负着培养下一代的重任，其职责不仅限于传授知识，更在于与学生进行持续不断的互动。为了有效地履行这一使命，教师需要具备较高的智力水平和情感智慧，涵盖理解力、沟通技巧、适应能力和情绪管理等方面的能力。拥有较强情感智能的教师能够更加成功地达成教学目标。作为情感教育的实践者，教师应当注重个人修养，不断提升自我，以便在教学过程中充分发挥情感教育的艺术性，从而更好地实现教育目的。保持积极的心态，用理性驾驭自己的情绪，给予学生一种亲近感是非常重要的。避免将负面情绪传递给学生，并加强对自身情绪的控制至关重要，因为情绪具有传染性，教师应向学生传播正面情绪，使他们保持积极向上的心态。以学生为中心的教学理念要求教师尊重每一位学生的独特性，关心他们的需求，理解他们的处境，认可他们的才能，同时尊重个体差异。教师还需要密切关注学生的情感动态，对他们的学习生活提供及时的支持，帮助他们在遇到困难时找到解决

问题的方法。教师通过用心交流，坚持爱的原则，合理运用奖惩机制，对错误行为给予适当的指导，对表现优异的行为给予表扬，可以在心理层面加深师生之间的联系，让学生视教师为良师益友。将赞赏教育融入日常教学中，肯定学生的努力与成就，可以增强学生的自信心，促进其全面发展。教师的认可对学生来说意义重大，在评价学生时应当采取客观公正的态度，既要指出不足也要强调优点，避免伤害到学生的自尊心，从而充分发挥情感交流在教育过程中的积极作用。

3. 重视育人环境的优化，努力拓展情感教育培养途径

情绪是在特定情境下由个体所产生，并随外部条件变化而波动的。为了有效开展情感教育，构建一个适宜的情境至关重要。这要求高校加强对校园环境的建设力度。在物理设施方面，应注重提升绿化水平、图书馆藏书量以及学生宿舍和教学楼的文化氛围；通过校内各种传播平台来推广健康向上、和谐共处的价值观。此外，在课余时间里组织形式多样的文化活动，鼓励学生积极参与集体项目，以此培养其团队精神与归属感，促进师生间的情感交流。同时，建立健全奖惩机制。一方面，可以设置诸如优秀班干部评选、三好学生表彰及奖学金发放等奖励措施，激发学生的求知欲和竞争意识；另一方面，则要对违反校规的行为施以适当惩罚并给予批评教育，使学生认识到遵守规则的重要性，从而学会自我反省、自尊自爱。

（二）坚持以人为本，强化人文精神教育

在社会整体的框架下，以人为本的核心理念要求我们将人的需求置于首位，在涉及个人权益的所有议题上给予充分关注与讨论，以此促进个体潜能的最大化发展。现代教育体系致力于通过全面覆盖的学习经历来培养人才，强调的是一个贯穿始终、多维度并充满活力的人才培育过程。

1. 重视在校园硬件建设的过程中强化人文精神

当前，高等教育正处于快速发展阶段，这种发展不仅体现在校园基础设施的显著提升上，还表现在为师生提供了更加便捷的生活服务设施及现代化

的教学楼，使整个校园规模扩大且焕然一新。然而，在追求物质条件进步的同时，我们也不难发现，部分校园文化建设中存在着缺乏独特性和人文关怀的现象。在构建高校环境的过程中，往往过分强调硬件设施的重要性而忽视了对文化内涵与历史底蕴的关注。理想的高校校园应是自然美与人文精神的高度融合体，既需展现出大自然的魅力，也要营造出浓厚的人文氛围。从自然的角度出发，高校应当被视为自然界的一部分，致力于为师生创造一个亲近自然、舒适宜人的学习生活环境。而在人文层面，则要求学校通过加强科学教育和文化活动来促进学生综合素质的发展，包括但不限于人文素养和科研能力的培养。总之，优秀的教育场所应该是一个能够将自然美景与深厚人文底蕴完美结合的空间。

作为文化的重要受益群体，大学生在高校文化建设中扮演着不可或缺的角色。优秀的校园文化构建应当以学生为中心，强化学生的主体地位，培养其独立性以及自我管理、自我教育和服务的能力。通过鼓励学生积极参与各类活动，促进其个性发展的同时满足其共同的成长需求，使他们能够真正成为高校生活中的主人翁。

人才培养至关重要。在美国摩海德州立大学，每位教师被要求至少完成20门课程的教学任务。该校将学生能力的培养置于首位，在提供大量符合社会需求的专业课程的同时，还开设了多种旨在增强学生基础技能、拓宽视野以及促进公共教育的课程。通过这些举措，学生不仅学会了如何学习，还能做出明智的选择，并掌握合作技巧。此外，学校致力于培养学生的科学精神与人文素养，帮助他们深刻理解生活的意义。最终目标是实现学生在多方面的均衡发展，从而促进个人全面成长。这一理念不仅是该校建设的核心，也是其文化构建的基础。

高校应致力于学生文化活动的组织与开展，以此激发学生的主动性和创新精神。通过多样化的方法和途径，鼓励学生依据个人的专业知识展现各自的特长，从而构建一个多元化的文化共同体。这不仅有助于锻炼学生的个人能力，还能显著提升他们的管理技巧，在学校的文化建设中发挥着至关重要的作用。此外，对学生社团的支持和激励也是不可或缺的一环。这些社团为学生提供了一个理想的平台，促进了学生之间的人际交往。通过参与丰富多彩的课外活动，学生可以根据自己的兴趣爱好自由选择加入，进而极大地增强了他们的参与热情。作为连接学生与校园生活的桥梁，学生社团应当充分利用自身的优势，在活动策划与执行过程中承担起管理和服务的责任，进一步促进成员个人能力的发展。

为了适应社会发展的需求，高校必须对现有的管理模式进行革新，摒弃传统的单向灌输、缺乏灵活性的教学方法。对此，可借鉴美国哈佛大学的成功案例，通过实施创新的教学策略，显著提升了学生的创新能力、独立思考能力和批判性思维。在这样的教育环境中，学生被鼓励去挑战权威观点，培养了勇于探索未知领域的精神。在中国高等教育体系内，应当倡导一种以学生为中心的人文关怀服务理念，强化师生间的互动与交流，在教学活动中激发学生的学习兴趣与主动性，支持他们充分展现自我，增强自信心，并促进创造性思维的发展。

构建一个以学生为中心、教师为主导的学习环境，通过运用多种手段促进高校文化个性的成长和共同目标的追求，是实现对个体全面发展的关怀和支持的关键。这不仅意味着高校既要满足学生的基本需求，还要为其人格成长创造有利条件。因此，确立以人为本的思想至关重要，这就要求高校重视教师的利益和发展，确保他们能够在一个和谐的环境中工作。当教师感到被尊重与理解时，他们将更加投入地参与到工作中去，从而更好地服务于学生的成长，自然而然地促进了"以学生为本"理念的落实。从物质文化建设的角度来看，学校应该努力完善设施，以满足教师在教学、科研以及日常生活中的各种需求，让师生共享学校改革带来的益处。此外，在制度建设和文化塑造方面，为了激发教师的工作热情并充分发挥其潜力，建立一套科学合理的评价体系显得尤为必要，该体系应通过多样化的绩效考核方式来实施。在诸如奖励发放、科研支持、职称评定及人员管理等具体政策上，高校必须体现出对劳动价值、人才贡献以及知识创新的高度认可，并遵循公平、公正、公开的原则。

在推进校园精神文化建设的过程中，应致力于打造和谐的学校氛围。这不仅涉及提升各级领导团队的工作效能与道德风范，更需通过个人行为示范来影响教师群体，树立良好的人格榜样。同时，紧密联系师生，遵循教育规律，确保决策过程既民主又科学，并注重执行效率。总体而言，构建积极向上的高校文化环境，关键在于教师的积极性调动。为此，高校需要营造一个鼓励创新与发展的工作氛围，建立健全激励机制，让教职工更加热爱自己的职业，促进其职业生涯的发展。秉持"以人为本"的原则，在宽松、和谐且自由的文化环境中，鼓励学术研究的进步，以期不断提升学校的整体教育质量，最终达成高等教育和科学研究共同发展的目标。

2. 将社会主义核心价值体系融入全员育人中

高校的精神内核源于其文化底蕴，而这种精神实质则通过价值观念得以彰显。在党的十六届六中全会上，首次提出了关于社会主义核心价值体系的科学概念。该理论不仅系统地界定了社会主义先进文化的内涵、本质及发展方向，还成为推动高校文化构建的关键所在。在此过程中，以社会主义核心价值观为导向，关键在于树立正确的价值取向、人生观、世界观以及社会主义荣辱观，并确保这些理念能够贯穿于全体师生的道德品质和个人修养之中，进而培养和弘扬爱国主义情怀、民族精神与创新意识。

社会主义核心价值体系构成了社会文化的基石，并且为文化发展提供了方向性的指导。作为这一更大文化框架内的组成部分，高校文化应当以体现并推广社会主义核心价值观为核心目标。

（三）开展行之有效的管理育人工作

1. 保障高校有序运转的组织管理制度

中国高校现行的外部管理体系是其历史演进的结果。作为社会公共服务的一部分，这些教育机构受到政府监管，并获得国家财政支持。它们须遵循国家市场监督管理总局的指导，致力于为市场监督管理总局及更广泛的社会提供服务，同时严格遵守国家制定的教育方针、政策与规定，培养符合社会发展需求的人才。在行政管理层面，强调的是充分尊重并发挥校长的核心领导作用，以及行政部门的有效辅助功能，确保所有活动均按照既定规章制度有序进行。

高校制度的发展是一个渐进的过程，其中管理活动不仅仅局限于时间、事务、资金以及人员等资源的单纯利用，而是超越了纯粹的技术操作层面。建立有效的管理体系是为了规范行为、激发积极性以及设定合理的限制条件。因此，这样的体系构建及其完善程度受到高校内部不同利益相关者所持有观念的影响。高校及其下属机构将依据特定的理念来制定相适应的规章制度。随着社会的发展及高等教育功能的不断拓展，如果现行的管理模式与当前的管理理念之间存在不匹配或冲突，则会对管理工作产生负面影响。为此，高校管理者有必要对现有的组织架构进行调整优化，以更好地服务于现代高校文化的进步与发展。

高校的组织管理制度蕴含着明确的价值导向，对于构建和发展校园文化起着至关重要的作用，构成了这一过程中的核心内在机制。高校管理者在塑造、管理和推动这些制度方面扮演了关键角色。理想的高校管理应当强调人文关怀，坚持以人为本的原则，以更好地服务于广大师生。"引申"式的人性化管理理念已经成为我国众多高等教育机构共同追求的方向，这种模式基于促进教师个人成长与发展，旨在充分激发其积极性与创新潜能，使教师能够真正成为学校治理的重要参与者。

2. 保障教师发挥作用的人事管理制度

高等教育机构的核心使命在于向社会输送具备相应能力的专业人才。在此过程中，教师不仅是知识传授者，还肩负着服务社会和参与学校管理等多重职责，因此他们在教育体系中扮演着至关重要的角色，成为高校人力资源政策制定时重点关注的对象。以教师为中心的教育规划旨在通过更有效的方式提升教学质量和科学研究水平，充分发挥教师的作用，这对于实现高校的功能至关重要。鉴于高校内部不同岗位人员的需求各异，认识到并满足这些多样化激励需求对于构建一个既人性化又能激发教职工潜能的工作环境极为关键。依据个人职位及性格特点来设计创新性管理制度，不仅体现了对个体差异性的尊重，也有助于营造积极向上的工作氛围。

当前，我国高等教育机构总体上保持着和谐的氛围。然而，由不和谐因素引发的教职工压力日益增加，这一问题不容小觑。因此，学校有必要为教师提供成长的空间和支持，确保他们能够在一种团结、轻松且公平的工作环境中愉快地工作。在构建教职工管理体系时，应更加侧重于提升教学、管理和服务的质量。针对专业教师的管理制度应当清晰界定教学内容、教学方法及教学手段，并鼓励采用启发式和讨论式的教学模式，持续改进教学质量与创新教学方式。学校领导需要与教师开展真诚交流，深入了解每位教师的需求，激发他们的主动性和创造性，以满足不同层次、兴趣各异的教师群体需求。鉴于教师是高等教育体系中最基础也是最关键的部分，没有教师便无从谈起教育，故而教师应当积极主动参与到学校的日常管理中来，努力使个人生活、学习和工作中的合理诉求得到满足，从而实现更为人性化的管理。

3. 面向人才培养的教学管理制度

高等教育人才的培养与先进的教育管理和运行机制密不可分。为了确保高等教育体系的有效运作，必须采用科学手段构建现代化的管理架构和模式。当前，面对新时代的挑战，高校肩负着一项艰巨使命——培育高水平创新型人才。在此过程中，教学活动扮演了关键角色，因此，高校需要改革其教学管理体系，合理调配资源，以应对社会对人才标准日益变化的需求。

构建全面的教学保障体系对于促进教学系统的建设与创新至关重要。在高校的教学管理中，应当遵循法治化原则，强化教学监督机制的循环反馈作用，并积极探索能够有效激发教师积极性及学生主动性的方法。此外，还需建立一套科学合理的管理体系，涵盖监督、评估、激励和考核多个方面，同时开发一个实践导向的教学管理系统。这些措施共同构成了优化教学保障体系的关键要素,从而为教育质量的持续提升奠定坚实的基础。

建立一个支持创新的教学管理体系对于培育具有创新能力的人才至关重要。在教育实践中,应当致力于增强学生的实际操作技能与创新意识,以全面提升其综合素养为宗旨。利用多种积极因素,在教学活动中挖掘并促进学生潜能的发展,激发他们的创造性思维。针对高等教育中的创新教育实践,明确的方向定位是必不可少的。

4. 规范学生行为的日常行为管理制度

在从高中到大学的过渡期间,学生需要适应由家长和教师共同管理转变为自我管理的过程。如何引导学生遵守学校规章制度及文化规范,并顺利完成个人发展与建设的转变,成为当前高校亟待解决的关键问题之一。传统的管理模式倾向于将学生视为被管理者,通过指令来达成教育目标。然而,随着大学生自我意识的增长,这种单向度的管理方式虽然增加了学生的自我体验,却难以达到理想的管理成效。在此背景下,各高校结合自身实际情况,重新修订了一系列管理制度。这些制度更加注重激发学生的兴趣、增强其主动性,促进其全面发展。特别是在涉及学生学习生活密切相关领域的系统设计上,如注册流程、奖惩机制等,在遵循法律法规和国家相关政策的前提下,力求制定出能够充分尊重学生权益、更好地服务于学生成长需求的各项规章制度。

(四)构建和谐教育环境,营造育人氛围

社会环境的发展应当基于和谐的原则之上,以确保整个社会能够朝着积极健康的方向前进。构建和谐社会不仅是全体人民的共同愿景,也是社会稳定与发展的重要基石。作为社会文化体系中的一个重要组成部分,高校校园内的和谐状态直接影响更广泛的社会和谐,这是社会发展不可或缺的一部分。在推动人与自然和谐共处、维护稳定秩序、激发活力、提倡诚实友好、保障公平正义以及促进民主法治的过程中,高等教育机构扮演着至关重要的角色,

并且应当发挥领导作用。建立和谐校园环境是对"以人为本"理念的具体实践，要求学校为所有成员提供一个既利于生活也利于学习的成长空间，在此过程中充分考虑每个人的需求，尊重并关怀每个人，从而更好地服务于广大师生员工，促进个体全面发展。此外，创建这样的校园氛围也是推动学校自身进步的关键因素。组织的成功不仅依赖于物质资源（硬实力），还需要强大的软实力支撑，如文化建设、精神风貌及团队凝聚力等。只有当每位教师都能全情投入于教学科研工作，而学生也能专心致志地投入学业中时，才能真正实现全校范围内的和谐共生。营造一个有利于培养下一代优秀人才的良好教育环境，可以确保年轻一代在道德品质和个人成长方面得到正面引导，进而为实现全社会乃至整个人类文明的进步贡献力量。

1. 构建和谐校园文化环境

（1）全面提升管理水平。构建和谐社会的关键在于有序的管理和良好的秩序。为此，学校需在管理层面进行全面加强，旨在为学生健康成长及教师有效开展教学活动创造一个和谐的文化环境。这要求学校在教学、教育、学术研究及日常管理等多个维度上强化管理措施。在行政管理体系中，应注重领导班子建设，选拔合适的人才担任领导职务，并组建一支专业且结构合理的管理团队。学校的各项管理工作应当实行集中领导与分级管理相结合的原则，明确职责划分，确保每个岗位都能充分发挥作用。将师生的服务与发展置于首位，使他们能够在积极健康的教育氛围中实现个人成长。特别是在处理涉及教师切身利益的问题时，如财务收支、职称晋升等敏感事项，必须保障教师享有充分的信息透明度和参与权，建立公开、公正的管理制度。此外，还需激发教师的工作热情，努力营造一种尊重个体差异、倡导民主监督与决策、促进团结合作的良好氛围，以此推动整个学校的长远发展。

（2）积极举办各类校园文化活动。校园文化活动是增强高等教育功能的有效途径之一，也是社会主义精神文明建设的重要组成部分。文化教育的核心在于构建一个和谐、健康且充满活力的学习环境，以促进学生身心的全面发展。首先，应加强学术研究类活动的开展。这包括定期组织学术研讨会、专题报告会以及论文评审等，以此来提升学校的学术氛围，引导学生积极参与其中，并激发他们的创新热情和探索精神，拓宽其知识视野，从而更好地培养学生的创新能力。其次，要重视社会实践类活动的作用。在满足课程要求的同时，充分利用课余时间，鼓励师生共同参与诸如志愿服务、参观历史文化遗址、体验乡村生活、关怀社区老人等社会实践活动，使参与者能够走出校门，深入社会，增进对社会生活的了解与认识，进而培养集体主义观念、爱国情怀及坚韧不拔的精神品质，将所学知识应用于实践之中，真正做到理论联系实际。最后，需重视文艺体育类活动的开展。高校应当定期举办各类文化艺术活动，如演讲比赛、歌唱比赛、时装秀、摄影展览等，旨在丰富学生的艺术素养，陶冶情操；同时通过组织各学院间的运动会和其他形式的体育竞赛，增强学生的身体素质，培养良好的团队合作意识和互助精神。

（3）推进和谐的教育与学习活动。高等教育机构肩负着培养人才的重要使命，其中教学工作处于核心位置。教与学本质上是一种双向互动的过程，涉及教师和学生双方。学生的成长以及他们对教育过程的适应程度是衡量这种互动是否和谐的关键指标。通常来说，学校应致力于创造一个有利于教育发展的良好环境，把学生视为教育活动的核心参与者，并根据每位学生的具体需求设计相应的教学方案。为了提高学生的学习效率，学校还需要确保提供充足的教学资源和技术支持。此外，教师应当在教学过程中强化对学生个体差异的关注，激发他们的主动性和创造力，促进智力发展。基于对学生特性的深刻理解，教师需要精心规划课程内容、设定适宜的教学情境及采用有效的教学策略，以构建更加符合学生特点的学习模式。在整个教学过程中，教师需要敏锐地察觉到学生之间的差异性，实施个性化教学方法，理性对待每个学生的特点，并据此制订出一套行之有效的教学计划。师生间的相互作用应该建立在关爱的基础之上——爱是教育成功的关键要素之一。无论是课堂教学还是日常生活中的交往，教师都应当体现出对学生的尊重和关怀，用所掌握的知识、良好的品德修养以及崇高的道德情操去启迪、教育并鼓舞每一位学生。充满爱心且责任感强的教师能够悄无声息地影响学生，在日常生活中潜移默化地塑造他们的价值观。受尊敬的教师所说的话或所做的事往往蕴含深刻的教育意义，能极大地促进学生独立思考能力和学习方式的进步。在一个轻松而自由的学习氛围中，学生更有可能满怀热情地投入学习之中；而来自教师的爱护和支持，则有助于他们学会自我调节，积极主动地追求个人成长，并将自己融入班级这个大家庭当中，共同营造出一种积极向上、团结友爱的良好班风。

（4）学校、家庭与社会三者之间的和谐对于教育事业的成功至关重要。建立一个和谐校园环境的关键在于确保社会、家长以及学校之间能够形成统一的教育模式。为了达到更佳的教学效果，必须妥善协调这三方的关系，使彼此间的教育目标相互匹配，并且能够取长补短。从宏观角度来看，家庭教育是个体接受教育旅程的起点，也是学校教育不可或缺的一环。这是因为，学校不仅需要强化自身的教育优势，还要充分认识到并利用好家庭教育的独特条件，如通过日常劳动、行为规范、感恩及亲情等方面的教育来培养学生。这样不仅可以帮助学生学会关心他人，还可以培养他们的独立生活能力。此外，学校还应该积极指导和支持家庭创造有利于学生成长的学习氛围。要使学校教育和家庭教育相辅相成，学校可以定期组织家长会，邀请家长参与到孩子的学习过程中，以此提升整体教育质量。除了家庭和学校之外，社会环境对学生的成长也具有深远影响。学生在社会中会接触到各种各样的信息和价值观。因此，学校的发展应当紧密联系社会实际，充分利用一切有利于教育发展的资源，开展有助于学生全面发展的活动。

2. 构建和谐的师生关系

师生间关系的优化构成了高校文化发展的重要基石。在高等教育环境中，教师与学生共同构成了文化传播的核心群体，因此，构建和谐的师生关系对于促进校园文化的繁荣至关重要。理想的师生互动模式应当基于秩序、道德规范以及一种独特的情感纽带之上。妥善处理这些相互交织的关系，不仅能够推动教育事业的进步，还对营造文明有序的校园环境具有不可忽视的作用。此外，高校师生是塑造、维护、更新及传承校园文化不可或缺的力量，若缺乏他们的积极参与，则很难实现双方共同追求的价值观和行为准则。总之，积极健康的校园文化氛围依赖于良好的师生关系，这也是确保高校文化发展方向正确且质量上乘的关键因素。

构建和谐的师生关系，关键在于教师与学生间要建立坦诚相交的关系，消除彼此间的隔阂。这种关系旨在减少师生之间的距离感，使双方能够相互尊重和支持。作为知识和文化的传递者，教师不仅要有效地运用个人的专业知识来教导学生，还应通过展现自身的人格魅力赢得学生的喜爱与尊敬。在教学过程中，除了重视理论知识的传授，教师也应强调实践能力培养的重要性。此外，树立正确的时间观念对于教师来说至关重要，这不仅有助于规范学生的出勤行为，还能促进其时间管理技能的发展。教师应当不断充实自我学识，并鼓励学生积极拓展自己的知识面，同时，以身作则，展现出高尚的道德情操，引导学生形成正确的价值观。尊重每一个学生是建立良好师生关系的基础，通过这种方式，教师可以成为学生学习如何相互尊重的典范。

在教育过程中，建立和谐且相互支持的师生关系至关重要。这种良好的互动不仅能够促进教学活动顺利进行，还能够为学生未来的学习奠定坚实的基础。一个和睦的教学环境有助于激发学生的潜能，促进其全面发展。因此，培养积极健康的师生关系是现代教育体系发展的自然趋势。教育本质上是一种双向的学习过程，在这个过程中教师与学生共同成长。鉴于此，重视并维护师生间的良好关系对于未来的教育发展具有重要意义。

第四章

高校文化育人的
主要路径

本章围绕高校文化育人的主要路径，对高校精神文化建设路径、制度文化建设路径、环境文化建设路径、行为文化建设路径进行探究。

第一节　高校精神文化建设路径

精神文化作为人类在物质文化生产基础之上衍生出的独特意识形态，是各类意识观念形态的集合，是高校全体成员的群体意识、舆论风气、价值取向、审美观念等精神风貌的反映。精神文化主要由知识、思维、方法、原则、精神这五个要素构成，它们相互依存、相互渗透、彼此支撑，共同构成一个有机整体，且各自发挥着独特的功能。

一、精神文化各要素之间的关系

在精神文化体系中，知识是基石，为其他要素的产生与发展提供原始素材。丰富的知识储备涵盖了人类在各个领域的认知成果，从自然科学到人文社会科学，这些知识为思维的拓展与深化奠定了基础。例如，物理学知识引导人们对物质世界的本质与规律进行思考，文学知识激发人们对人性、社会现象的思索，使得思维在知识的滋养下不断丰富与成熟。

思维是关键驱动力，它对知识进行筛选、整合与创新。不同的思维方式，如逻辑思维、形象思维、创新思维等，决定了人们对知识的运用与理解的角度。例如，逻辑思维帮助人们梳理知识间的内在联系，构建严谨的知识体系；创新思维则突破传统知识的局限，创造新的知识成果。以科学研究为例，科学家凭借创新思维，对已有的知识进行重新组合与探索，从而推动学科的发展与知识的更新。

方法是连接知识与思维的桥梁，它为知识的获取与思维的运用提供途径与手段，如研究方法、学习方法、解决问题的方法等，使人们能够高效地吸收知识，并将思维成果转化为实际行动。例如，在学术研究中，恰当的研究方法能帮助研究者准确地收集、分析数据，得出科学结论，将思维中的设想变为现实，实现知识的拓展与深化。

原则为知识、思维与方法的运用提供规范与指引，确保其在合理、正确的轨道上运行。道德原则、学术原则等，约束着人们在获取与运用知识、进行思维活动及采用方法时，遵循社会的价值标准与行为准则。例如，在学术领域，遵循学术诚信原则，能保证知识的真实性与可靠性，使思维与方法的运用服务于对真理的追求。

精神则是贯穿于知识、思维、方法与原则之中的核心灵魂，赋予它们强大的动力与意义。科学精神、人文精神等，激励人们不断探索知识、优化思维、改进方法，并坚守原则。例如，科学精神驱使科学家不畏艰难、追求真理，推动知识的边界不断拓展；人文精神则引导人们在知识探索与运用中，关注人类的福祉与价值，使整个精神文化体系充满人文关怀。知识、思维、方法、原则和精神五个要素相互作用，共同构建起充满活力与内涵的精神文化整体。

二、高校精神文化的类型

（一）训示类精神文化

1. 校训类

校训作为高校精神文化的核心标识，是高校对师生的训示与期望的高度凝练。它承载着高校的历史传承、办学理念与价值追求。例如，清华大学"自强不息，厚德载物"的校训，源于《周易》中的"天行健，君子以自强不息；地势坤，君子以厚德载物"。这一校训激励着清华学子在学术追求上奋发图强、永不言弃，在品德修养上胸怀宽广、包容万物。它贯穿于学校的教学、科研、管理等各项工作，成为师生行为的准则与精神指引。在教学中，教师以自强不息的精神激励学生勇于探索知识的边界，培养学生坚韧不拔的学习毅力；在科研上，鼓励师生秉持厚德载物的态度，与团队成员协作共进，为学术发展贡献力量。

2. 班训类

班训是班级独特精神文化的体现，由班级师生共同制定，针对班级特点与发展目标。它凝聚着班级成员的共同愿景，对班级成员的行为和价值观产生深远影响。在日常学习生活中，面对难题时，同学们秉持团结奋进的精神，相互交流探讨，共同攻克难关；在体育赛事、文艺活动等方面，鼓励每位同学超越自我、挑战极限、挖掘自身潜力。班训通过班级文化墙展示、主题班会强调等方式，时刻提醒班级成员，营造积极向上的班级氛围，增强班级凝聚力。

（二）风气类精神文化

1. 校风类

校风作为学校整体精神风貌的外在彰显，是一个综合性概念，深度融合了学校治学态度、道德风尚以及人际关系等多元维度。从社会学与教育学的交叉视角来看，积极向上的校风为学校内部的师生群体营造了优质的学习与工作生态环境。在秉持严谨治学、民主和谐校风的学校场域中，依据教育心理学中关于教师职业行为与学生学习动机的理论，教师基于对学术真理的不懈追求，全身心投入教学与科研工作。在教学过程中，运用科学研究方法探索教学内容的深度与广度；在科研领域，遵循学术规范开展创新性研究。学生受此氛围感染，依据认知发展理论，展现出强烈的求知欲，勤奋好学，积极主动参与课堂讨论，思维活跃，在学术活动中勇于探索，尝试运用所学知识解决问题。校园内师生关系在社会互动理论框架下呈现出融洽状态，师生相互尊重，形成浓厚的学术氛围与人文气息，这种氛围对师生的身心发展与知识积累具有积极的促进作用。

2. 教风类

教风集中体现了教师在教学实践中的教学态度、所运用的教学方法以及恪守的职业道德。从教育质量保障体系理论出发，良好的教风无疑是教学质量的关键支撑要素。在良好教风的引领下，教师遵循教学设计理论，精心备课，深入剖析教学目标、教学内容以及学生学情，以此为基础构建科学合理的教学方案。在课堂讲授环节，教师认真授课，依据学习理论中关于学生注意力与兴趣激发的原理，运用多样化的教学方法，如问题导向教学法、项目式学习法等，有效激发学生的学习兴趣，培养学生的创新思维能力与实践操作能力。同时，教师关注学生个体差异，依据多元智能理论，因材施教，满足不同学生的学习需求，促进全体学生在各自能力基础上实现发展。

3. 学风类

学风是学生学习态度、学习习惯以及学习动力的综合反映。依据教育心理学中关于学习动机与学习行为的理论，浓厚的学风能够有效激发学生的内在学习动机，促使学生由被动学习转向主动学习，积极拓宽知识边界，实现深度与广度的有机统一。在学风优良的学校环境中，学生依据行为主义学习理论，自觉遵守学习纪律，将外在的纪律要求内化为自身的行为准则，按时、高质量完成学习任务。高校通过举办学习经验分享会、学习标兵评选等活动，合理运用激励机制，营造积极竞争与合作的学习氛围，激励学生依据社会学习理论，模仿优秀学习行为，养成良好的学习习惯，进而提升学习效果，实现知识的高效获取与能力的稳步提升。

4. 班风类

班风是班级成员在长期互动过程中共同形成的行为习惯与价值取向的集合。从群体动力学理论视角分析，积极的班风能够赋予班级强大的活力与凝聚力。在班风良好的班级环境中，同学之间基于社会交换理论与合作学习理论，互帮互助，在知识学习、生活问题解决等方面相互支持，共同进步。在班级活动组织中，全体成员依据团队协作理论，积极参与，将个人目标与班级目标相融合，为班级荣誉全力以赴。例如，在集体性的学习项目、文体活动等中，同学们充分发挥各自优势，展现出团结友爱、乐于奉献的精神风貌，促进班级整体的发展与进步。

5. 考风与作风

考风直接关系到考试过程的公平公正性以及学生诚信品质的塑造。从道德教育理论与教育评价理论来看，严肃考风要求学生在考试场景中坚守道德自律，杜绝作弊行为。学校可通过加强考试纪律教育，运用道德认知发展理论，提升学生对诚信考试重要性的认知；通过严格考场管理，依据行为控制理论，规范学生考试行为，营造良好考风，保障教育评价的真实性与有效性。作风涵盖学校管理干部的工作作风以及师生在日常行为中的作风表现。管理干部遵循行政管理理论，秉持务实高效、服务师生的工作作风，优化学校管理流程，合理配置教育资源，为学校发展战略的实施与师生需求的满足提供坚实保障。师生依据社会角色理论，以积极向上、文明礼貌的作风，在校园内外展现学校的精神风貌。良好的考风与作风相互协同，依据学校组织行为理论，共同维护学校的正常运行秩序，推动学校精神文化朝着健康、积极的方向持续发展。

三、高校精神的内在要求

1. 贴合实际与彰显个性

高校精神作为高校文化的核心凝练，其构建需深度契合学校的历史演进轨迹、独特办学定位、师生群体特征以及所处的社会生态环境。

（1）贴合实际。从文化传承与发展理论视角审视，具有深厚历史底蕴的师范院校，学校精神应充分汲取在长期教育实践中对教育事业矢志不渝的坚守精神与传承脉络的精髓。这不仅是对学校过往发展历程中所积累的教育理念、教学方法以及人才培养经验的高度概括，更是对未来教育发展方向的一种前瞻性指引。以理工科为主的院校为例，依据学科特性与人才培养目标，学校精神可着重凸显科技创新驱动、严谨务实治学的特质。在科技飞速发展的时代背景下，理工科院校承担着推动科技创新、培养高素质专业人才的重任，将科技创新融入学校精神，契合了学科发展的内在要求与社会对理工科人才的需求导向。

（2）彰显个性。高校精神的塑造应致力于彰显独特个性，避免同质化倾向。独特的高校精神能够成为学校的鲜明标识，使其在众多同类院校中脱颖而出，成为吸引师生、家长及社会各界关注的关键因素。例如，某艺术院校将"创意无限，艺韵天成"确立为学校精神，从艺术学理论层面来看，这精准体现了艺术领域对创新思维的不懈追求以及对独特艺术风格的深度挖掘与塑造。通过这一学校精神的引领，可使该校在艺术教育领域树立独特的品牌形象。

2. 达成内部认同

高校精神唯有获得全体师生发自内心的认同，才能真正在高校教育教学实践中发挥其应有的价值引领与行为导向作用。

（1）教育心理学中的群体认同理论认为，个体对某一组织或群体的归属感，起源于对群体成员关系的认识和作为群体成员所产生的价值与情感意义，包括对群体的认知、情绪与行为反应。因此，高校可借助新生入学教育这一关键契机，运用系统的教育教学方法，对高校精神的内涵进行深入阐释与解读。通过专题讲座、校史展览、师生交流等多元化形式，使新生从入学之初就对高校精神形成全面且深入的认知。

（2）社会学习理论认为，榜样的示范作用在个体行为的塑造中占据重要地位。因此，在日常教学与管理活动中，教师作为学生成长的重要引路人，应以身作则，严格遵循高校精神所倡导的价值理念与行为准则，为学生树立榜样。同时，学生通过观察教师的行为表现，将高校精神内化为自身的行为规范。

（3）高校还可积极组织主题班会、开展丰富多样的校园文化活动等，鼓励学生围绕高校精神展开深入讨论与实践。例如，举办"践行高校精神"演讲比赛，并在比赛筹备与参与过程中，尽量使学生对高校精神进行深入研究与思考，并将自身对高校精神的理解通过演讲表达出来。这一过程不仅加深了学生对高校精神的理性认知，更促使学生将高校精神转化为实际行动，实现从认知到行为的转变，最终使高校精神内化为师生的自觉行为模式。

3. 保持稳定与适时调整

（1）保持稳定。高校精神应具备相对稳定性，这是确保高校文化传承连贯性的内在要求。依据文化传承理论，稳定的高校精神能够承载高校在长期发展过程中形成的核心价值观念、办学理念以及优良传统，为高校的持续发展提供坚实的文化根基。

（2）适时调整。随着时代的快速发展、社会环境的深刻变迁以及高校自身的不断进步，高校精神也需适时进行调整与优化。当高校面临新的发展机遇与挑战时，如学科专业结构的重大调整、教育理念的更新换代等，从组织发展战略理论角度来看，高校精神应与时俱进，以适应新的发展形势。例如，在互联网时代，信息技术对教育教学产生了革命性影响，高校可在原有精神基础上，有机融入创新、开放等符合时代潮流的元素。这一调整既传承了高校的核心价值体系，又使高校精神能够更好地引领高校在新时代背景下实现跨越发展，满足社会对高校教育的新需求。

4. 注重务实与求是

（1）注重务实。高校精神的价值最终要体现在实际行动中。注重务实应切实指导高校的教育教学实践、管理服务工作以及师生的日常行为。在教育教学实践中，依据教学过程最优化理论，鼓励教师脚踏实地，深入钻研教学方法，通过对教学内容的精心设计、教学手段的合理运用以及教学评价的科学实施，不断提高教学质量，实现教学效果的最大化。在学生培养方面，遵循人才成长规律，引导学生勤奋学习，注重知识的系统性积累与实践能力的渐进式提升。

（2）高校精神还应秉持求是精神，追求真理。从学术研究伦理学与科学方法论角度出发，鼓励师生勇于探索未知领域，在学术研究、问题解决过程中始终坚持科学严谨的态度，严格遵循学术规范，坚决杜绝弄虚作假、浮躁功利等不良学术风气。这不仅有助于培养师生的学术素养与科学精神，更能够营造良好的学术氛围，推动高校学术水平的不断提升。

5. 发挥教育与激励作用

高校精神的重要功能之一在于对师生发挥教育与激励作用。

通过多样化的宣传渠道，如校园广播、校报校刊、网络平台等，广泛传播高校精神，能够激发教师爱岗敬业的职业热情，促使教师不断提升自身专业素养，全身心投入教育事业中，为培养高素质人才贡献力量。

高校可设立以高校精神命名的奖学金，对在学习、品德、创新等方面表现卓越的学生给予物质奖励与精神表彰，从而激励学生树立远大理想，勤奋学习，积极进取。

此外，对践行高校精神的优秀教师，学校可以进行公开表彰。这种形式给他人树立了良好的榜样，能够发挥榜样的示范引领与激励作用。这些举措能够在校园内营造积极向上、奋发有为的校园氛围，促进全体师生在高校精神的指引下实现个人成长与学校发展的有机统一。

四、高校精神的表达

1. 以受众为导向

高校精神的表达要以受众为导向，充分考虑师生、家长、社会公众的理解能力与接受程度。对于师生，表达应深入且具有感染力，可通过校园文化活动、课堂教学等多种方式，使其深刻理解高校精神内涵；对于家长和社会公众，表达要简洁明了、易于传播，如通过学校官网、宣传册等途径，以通俗易懂的语言介绍高校精神，展示高校的特色。

2. 突出校训核心地位

在高校精神表达中，要突出校训的核心地位，将校训融入高校的建筑、景观、文化活动等各个方面。例如，高校大门、教学楼等显著位置展示校训，时刻提醒师生铭记；校园文化活动围绕校训主题展开，强化师生对校训的理解与践行。

3. 传达价值观

高校精神的表达要清晰传达学校的价值观。它应体现学校对人才培养的价值取向，如注重品德修养、强调创新能力、倡导团队合作等。在宣传高校精神时，通过具体事例、人物故事等方式，生动诠释学校的价值观，能够让师生切实感受到学校所倡导的价值观念，引导他们在行为中践行这些价值观。

4. 坚持守正创新

在表达高校精神时，要坚持守正创新。守正即坚守学校的传统价值与文化底蕴，传承学校的优良办学传统与精神内核；创新则是在表达方式、传播渠道等方面与时俱进。例如，高校可以利用新媒体技术，如微信公众号、短视频平台等，以新颖有趣的形式传播学校精神，吸引更多受众关注，使高校精神在新时代焕发出新的活力。

五、高校精神的传播

1. 高校形象

高校形象是高校精神的外在呈现，是学校在社会公众心目中的整体印象。它包括高校的办学理念、教育质量、师资队伍、校园环境、文化氛围等多个方面，是高校综合实力与特色的集中体现。良好的高校形象有助于提升高校的知名度与美誉度，增强师生的归属感与自豪感。

2. 高校形象的要素

高校形象的要素可分为理念识别、行为识别和视觉识别。理念识别包括高校精神、办学宗旨、发展目标等，是高校形象的核心与灵魂；行为识别涵盖学校的管理行为、教学行为、师生行为等，通过实际行动展现高校精神；视觉识别则包括校徽、校旗、校服、校园建筑风格、学校色系等视觉元素，给人以直观的视觉感受，强化对高校形象的记忆。

3. 高校形象的塑造方法

高校可通过加强师资队伍建设，提高教师教学水平与师德修养，提升学校的教育质量。这是塑造良好学校形象的关键。高校还可通过开展丰富多彩的校园文化活动，如学术讲座、文艺演出、体育赛事等，展示学校的文化氛围与学生的综合素质；利用媒体宣传，通过新闻报道、专题片制作等方式，向社会展示学校的办学成果与特色，提升学校的社会影响力。

高校色系是视觉识别的重要组成部分，对学校形象塑造具有重要作用。学校可根据自身定位与特色确定主色系，例如，理工科院校可采用蓝色系，象征理性、科技；艺术院校可采用多彩色系，体现艺术的多元与活力。高校建筑外观、校旗、校服、宣传资料等都统一运用高校色系，形成鲜明的视觉标识，给人留下深刻印象。

校徽是高校的象征，以独特的图形、色彩组合体现学校精神。校徽设计要简洁美观、富有创意，且易于识别与记忆。校训与校徽应相互呼应，校徽可将校训的部分元素融入其中，强化学校精神的表达。高校可以通过在诸如校服、校旗、校刊等地方醒目展示校徽与校训，使其成为高校精神传播的重要载体。通过校徽与校训的广泛传播，能够加深受众对高校精神的认知与理解。

高校精神的要求、表达与传播相互关联，共同构建起学校独特的精神文化体系，对高校的发展与师生的成长具有深远影响。

第二节　高校制度文化建设路径

一、制度文化理论

（一）高校制度文化的内涵

高校制度文化是高校在长期发展过程中形成的，以规章制度为载体，蕴含着学校的办学理念、价值取向、行为规范等精神内涵的文化形态。它是高校文化的重要组成部分，兼具制度的约束性与文化的导向性。高校制度文化中的规章制度涵盖教学管理制度、学生管理制度、科研管理制度、人事管理制度等多个方面，这些制度不仅规定了高校内部各主体的权利与义务，明确了各项工作的流程与标准，更在深层次上反映了学校的办学目标与管理理念。例如，教学管理制度中对课程设置、教学方法、考核评价的规定，体现了学校对人才培养质量的追求以及对教育教学规律的遵循；学生管理制度中对学生行为规范、奖惩措施的设定，反映了学校对学生综合素质培养的重视。同时，高校制度文化通过对制度的宣传、执行与传承，将学校的价值观念、行为准则等文化要素传递给师生，对师生的思想观念与行为方式产生潜移默化的影响，从而在高校内部形成一种共同的价值认同与行为自觉。

（二）高校制度文化的演进历程

1.准制度文化阶段

在高校发展的早期阶段，即准制度文化阶段，高校的管理主要依赖于一些不成文的传统、习惯与经验。此时，高校尚未形成系统、规范的规章制度体系，但已存在一些具有制度雏形的管理方式。例如，在古代的书院教育中，虽没有现代意义上的详细规章制度，但通过师徒传承、口耳相授等方式，形成了特定的教学秩序与学术规范。教师对学生的学业指导、品德培养遵循着一定的传统模式，学生在学习与生活中也逐渐适应并遵循这些不成文的规则。

这种准制度文化的形成，主要源于高校对自身发展经验的总结以及对社会文化传统的继承。它在一定程度上保障了高校教育教学活动的有序开展。但由于缺乏明确的条文规定，存在着管理标准不统一、执行过程随意性较大等问题。随着高校规模的逐渐扩大、功能的日益复杂，这种准制度文化已难以满足高校发展的需求，促使高校制度文化向更高阶段演进。

2. 制度文化阶段

随着社会的发展与高校自身的变革，高校进入制度文化阶段。这一阶段，高校开始建立起系统、完善的规章制度体系。高校依据国家的教育政策法规，结合自身的办学定位、学科特点与发展目标，制定了涵盖教学、科研、管理等各个方面的规章制度。在教学方面，明确了课程设置的原则、教学计划的制定流程、教师教学质量的评价标准等；在科研管理方面，规范了科研项目的立项、申报、经费使用以及成果评价等环节；在学生管理方面，制定了学生学籍管理、日常行为规范、奖助学金评定等一系列制度。这些规章制度以条文的形式明确了高校内部各主体的权利与义务，规范了各项工作的流程与标准，使高校的管理工作有章可循、有据可依。制度文化的形成，提高了高校管理的规范化、科学化水平，保障了高校教育教学质量的稳步提升。然而，在这一阶段，制度文化也存在一定的局限性，如制度的制定可能过于注重形式与规范，而忽视了对师生主体需求与创新精神的关注，导致制度在执行过程中出现僵化、缺乏灵活性等问题。

3. 后制度文化阶段

在后制度文化阶段，高校制度文化在继承制度文化阶段成果的基础上，更加注重以人为本、文化引领与创新发展。高校在制度制定过程中，充分考虑师生的主体地位与需求，鼓励师生参与制度的制定与完善。高校通过召开教职工代表大会、学生代表大会等形式，广泛征求师生意见，使制度更加符合师生的利益与发展需求。同时，后制度文化强调制度的文化内涵与价值引领作用，将学校的办学理念、校训精神、价值观念等融入制度之中，使制度不仅是一种约束机制，更是一种文化导向与激励机制。例如，在科研管理制度中，鼓励教师开展具有创新性的科研工作，对勇于探索、取得突出科研成果的教师给予表彰与奖励，体现了学校对创新精神的倡导。此外，后制度文化还注重制度的动态调整与创新发展，随着社会环境的变化、教育理念的更新以及高校自身的发展，及时对制度进行修订与完善，以适应新的发展要求。后制度文化阶段的高校制度文化更加注重人的全面发展与高校的可持续发展，为高校的内涵式发展提供了有力的制度保障与文化支撑。

二、组织文化理论

（一）组织文化的特性

1. 创新与进取导向

高校作为知识创新与人才培养的前沿阵地，其组织文化呈现出极为鲜明的创新与进取导向。从知识生产理论来看，高校处于知识创造与传播的核心位置，在学术研究领域，依据创新扩散理论，鼓励教师与学生勇于冲破传统思维范式的束缚，积极探索未知领域。学校设立科研创新基金，这一举措遵循资源配置理论，为师生开展具有前瞻性的研究项目提供必要的资金支持，降低研究过程中的资源约束风险。举办各类学术竞赛，依据激励理论，通过竞争机制激发师生的创新活力，促使师生将潜在的创新能力转化为实际的创新成果。在学科发展进程中，以计算机科学专业为例，在新兴技术如人工智能、大数据等领域，师生基于对学科前沿动态的敏锐把握与对创新的不懈追求，积极投身研究工作，不断拓展学科边界，推动学科知识体系的更新与完善，充分彰显出高校组织文化对创新与进取精神的高度重视与持续追求。

2. 细节关注度

在教学过程中，依据教学设计理论，教师对课程设计的各个细节进行精心雕琢。首先，教学目标的精准设定，须综合考虑学科知识体系、学生认知水平以及社会对人才的需求等多方面因素，确保教学目标既具有可达成性又具有挑战性；其次教学内容的合理编排，要遵循知识的逻辑性与系统性，将复杂的知识体系进行有效拆解与整合，以便学生能够循序渐进地学习；最后，教学方法的恰当选择，须根据教学内容与学生特点，灵活运用讲授法、讨论法、项目式学习法等多种教学方法，以实现教学效果的最优化。在学生管理方面，依据学生事务管理理论，辅导员深入关注学生的学习与生活细节，通过与学生的日常交流、课堂表现观察以及学业成绩分析等方式，全面了解学生的心理状态、学习困难等情况，及时运用心理咨询技巧与教育指导策略，给予学生针对性的帮助与指导，充分体现高校组织文化对细节的高度重视，因为每一个细节都可能对学生的成长与发展产生深远影响。

3. 过程与结果的关联性

高校组织文化着重强调过程与结果之间的紧密关联性。在人才培养实践中，依据教育评价理论，不仅高度重视学生最终所取得的学业成绩以及综合素质提升这一结果，更将关注焦点投向学生在整个学习过程中的成长与发展轨迹。教师采用过程性评价方式，这一评价模式遵循发展性评价理论，对学生的课堂表现、作业完成情况、小组合作参与度等过程性指标进行全面、综合的评估，通过详细记录与分析学生在学习过程中的点滴表现，及时发现学生的学习优势与存在的问题，进而为学生提供个性化的学习反馈与指导。这种评价方式引导学生依据学习过程理论，注重在学习过程中的知识积累、技能训练以及实践经验的获取，通过对学习过程的有效管理与优化，最终实现获取优异结果的目标，促进学生全面、可持续发展。

4. 情感关怀意识

高校致力于营造充满情感关怀的组织文化氛围。在学生心理关怀方面，从心理健康教育理论视角出发，学校通过开展形式多样的心理健康教育活动，如心理健康讲座、心理健康主题班会等，向学生普及心理健康知识，提升学生的心理健康意识。设立心理咨询室，配备专业心理咨询师，依据心理咨询理论与技术，为学生提供一对一的心理咨询服务，帮助学生解决在学习、生活、人际交往等方面所面临的心理困扰，促进学生心理健康发展。在教职工心理关怀方面，依据组织行为学中的激励与满意度理论，组织丰富多彩的文体活动，如运动会、文艺会演等，为教职工提供放松身心、增进交流的平台；同时，完善福利保障体系，从薪酬待遇、职业发展支持到生活关怀等多方面入手，切实增强教职工的归属感与幸福感。这种全方位的情感关怀意识，体现了高校组织文化对人的价值与情感需求的尊重，有助于构建和谐、积极的校园人际关系，提升组织的凝聚力与向心力。

5. 团队协作能力

高校的教学、科研等核心工作团队协作非常重要。在科研项目运作中，依据跨学科研究理论与团队合作理论，不同学科背景的教师基于各自的专业知识与研究技能，组成协同创新团队。通过团队成员之间的知识共享、思想碰撞以及分工协作，共同攻克复杂的科研难题，推动科研项目取得创新性成果。在课程教学领域，教师之间开展教学研讨活动，依据教学反思与合作学习理论，交流教学经验、分享教学资源，共同探讨教学方法的改进与创新。实施团队教学模式，由多位教师围绕同一课程主题，从不同专业视角进行授课，丰富教学内容，提升教学效果。学生层面，通过参与小组作业、社团活动等，依据合作学习理论与社会学习理论，在与同伴的互动协作过程中，培养团队协作能力、沟通能力以及问题解决能力。在团队协作过程中，不同成员充分发挥自身优势，相互支持、相互配合，共同实现团队目标，深刻体现了高校组织文化中团队协作的核心价值与重要地位。

6. 成员的进取精神

高校组织文化对成员的进取精神具有强大的激励作用。学生依据自我效能感理论与终身学习理论，通过积极参与学术讲座、学术交流等活动，不断拓宽知识视野，接触学科前沿动态，激发自身的学习兴趣与探索欲望，从而实现自我能力的提升。教师依据教师专业发展理论，通过参加各类培训课程、开展学术研究等方式，持续更新知识结构，提升教学与科研水平。学校建立各类奖励机制，依据激励理论，对在学业、科研等方面表现突出的师生给予物质奖励与精神表彰。这类奖励机制不仅是对师生努力与成果的认可，更重要的是通过树立榜样，营造积极向上的竞争氛围，进一步增强师生追求卓越、不断进取的内在动力，促使师生在个人成长与职业发展道路上持续前进。

7. 组织的稳定性

高校作为相对稳定的教育组织，其组织文化构成了组织稳定运行的坚实保障。完善的规章制度遵循组织管理理论，对高校的教学、科研、行政等各项工作进行规范化管理，明确各部门、各岗位的职责与权限，确保高校各项工作有序开展。传承的办学理念承载着高校在长期发展过程中所形成的教育思想、价值观念与办学特色，依据文化传承与发展理论，为高校的发展提供了明确的方向指引。尽管高校在发展进程中不断进行改革与创新，以适应社会发展的需求，但始终坚守教育本质与育人使命，这一核心价值体系构成了高校稳定发展的基石。在稳定的组织文化环境下，高校能够持续优化教育教学资源配置，提升教育教学质量，为社会培养出源源不断的高素质优秀人才，实现高校的可持续发展与社会价值的有效创造。

（二）组织结构设计的基本趋势

1. 组织结构扁平化

在高校中，组织结构扁平化趋势愈发明显。传统的金字塔式结构层级众多，信息传递易失真且效率低下。而现今的高校通过减少中间管理层次，拉近决策层与基层的距离。以教学管理为例，高校决策层可通过信息化平台直接与一线教师沟通，及时了解教学实际情况，快速调整教学政策。这不仅提高了信息传递速度，还赋予基层教师更多参与学校管理的机会，激发其积极性与创造力，推动高校文化中民主、高效理念的发展。

2. 小机关，大基层

高校逐渐朝着"小机关，大基层"模式转变，精简学校机关职能部门，将更多资源与权力下放至基层教学单位与科研团队。机关部门从传统的指令性管理转向服务性支持，为基层提供必要的资源保障与政策引导。基层单位在教学、科研等方面拥有更大自主权，能够根据自身学科特点与发展需求灵活开展工作。例如，学院可自主制定人才培养方案、组织科研项目申报等，增强基层活力，使高校文化更具多元性与特色性，充分发挥基层在高校文化建设中的主体作用。

3. 体现灵活性，拒绝"一刀切"

高校要认识到不同学科、不同专业之间存在差异，在组织设计上注重灵活性。在教学管理方面，不再采用统一的教学模式与评价标准。对于理论性强的学科，强调知识深度与学术研究能力培养；对于应用型学科，则侧重实践技能与创新能力提升。在科研管理中，针对基础研究、应用研究等不同类型项目，制定差异化的管理政策，满足各学科发展需求，营造宽松、包容的学术环境，促进高校文化的百花齐放。

4. 分工与合作协同

高校组织设计注重分工与合作协同发展。在学科建设中，不同学科专业明确分工，发挥各自优势，同时加强跨学科合作。例如，在生物医学工程领域，生物学、医学、工程学等多学科团队协作，共同开展科研项目与人才培养。教学与科研之间也形成协同机制，教师将科研成果融入教学，以教学促进科研创新，提升高校整体实力，丰富高校文化内涵，培养具有综合素养的创新型人才。

5. 权力制衡机制

为保障高校管理的公平公正，权力制衡机制日益完善。在学校决策过程中，通过教职工代表大会、学术委员会等组织，实现权力的分散与制衡。教职工代表大会对学校重大决策进行审议，保障教职工权益；学术委员会负责学术事务决策，避免行政权力过度干预学术发展。这种权力制衡机制维护了高校内部的民主秩序，营造风清气正的校园文化环境，促进高校可持续发展。

（三）新时代学校组织设计方向

1.建设学习型组织

在高校文化语境下，建设学习型组织是顺应时代发展、提升高校竞争力的关键举措。学习型组织强调组织成员的持续学习与知识共享。高校可通过搭建多样化的学习平台来推动这一进程，如设立学术交流中心，定期举办跨学科的学术研讨会、前沿讲座等活动。不同学科的教师与学生汇聚于此，分享最新研究成果与学术见解，打破学科壁垒，促进知识的交叉融合。在教学中，推行基于问题的学习（PBL）与合作学习模式，鼓励学生组成学习小组，共同探索复杂问题的解决方案。在小组讨论与协作过程中，学生相互学习、拓宽思维视野，培养自主学习与团队协作能力。此外，高校应构建完善的知识管理系统，将教师的教学经验、科研成果以及学生的优秀学习案例等进行整理、存储与共享，方便师生随时获取学习资源，形成全员学习、终身学习的良好氛围，丰富高校文化内涵，推动高校学术水平与人才培养质量的提升。

2.建设创新型组织

高校作为知识创新的前沿阵地，建设创新型组织对其发展至关重要。创新型组织注重营造鼓励创新的文化环境，激发组织成员的创新活力。高校可设立创新基金，专门用于支持师生开展具有创新性的科研项目与教学改革实践。例如，对于敢于探索新兴研究领域的教师团队，给予充足的资金与设备支持，鼓励其突破传统研究范式。此外，高校应在课程设置上，增加创新实践课程比重，如开设科技创新实验课、创意设计工作坊等，培养学生的创新思维与实践能力。同时，高校应建立科学的创新激励机制，对在科研创新、教学创新等方面取得突出成果的师生给予表彰与奖励，包括物质奖励与精神奖励等，将创新成果与教师的职称评定、绩效考核挂钩，激发教师创新积极性。通过这些举措，在高校内部形成勇于创新、敢于突破的文化氛围，提升高校在国内外的学术影响力与创新竞争力。

3. 建设人文性组织

人文性组织强调以人为本，关注组织成员的情感需求与精神世界。高校建设人文性组织有助于营造和谐、包容的校园文化环境。在校园环境建设方面，注重打造具有人文气息的校园景观，如建设文化长廊，展示学校的历史、文化、杰出校友事迹等，让师生在校园漫步中感受文化熏陶。在学生管理方面，加强心理健康教育与人文关怀，如设立专业的心理咨询室，配备经验丰富的心理咨询师，为学生提供及时有效的心理辅导，开展诸如文学艺术展览、文化节等丰富多彩的校园文化活动，满足学生的精神文化需求，提升学生的人文素养；在教师管理方面，尊重教师的个性与专业发展需求，为教师提供良好的职业发展规划指导与支持。通过建设人文性组织，能够增强师生对学校的归属感与认同感，促进师生的全面发展，使高校文化更具人文魅力与温度。

各级各类高校在进行组织设计或优化时，应充分考虑并顺应建设学习型组织、创新性组织与人文性组织的趋势，能够更好地适应时代发展需求，提升高校的综合硬实力与文化软实力，为培养高素质创新型人才奠定坚实基础。

三、制度文化建设思想路径

1. 广集意见，博取样板

在高校制度文化建设的理论与实践框架下，广集意见是奠定制度合理性与适用性的重要基石。从组织行为学中的参与式管理理论出发，高校通过多元化渠道广泛收集师生意见具有显著的必要性。教职工代表大会作为学校民主管理的法定机构，教师群体基于其专业知识与教学实践经验，在教学管理制度改革议题上，能够从课程体系的科学性、教学评价方式的有效性等专业维度提出深刻见解。学生代表座谈会则为学生提供了直接发声的平台，学生基于自身学习过程中的切身体验，反馈诸如课程难度分布、学习资源获取便利性等实际需求。这种广泛的意见征集过程，有助于打破信息不对称，使制度制定能够精准对接教学实践的真实情境，契合教育教学过程中的动态变化与多元需求。

博取样板策略要求高校秉持开放的办学理念，积极开展比较教育研究。在全球化教育发展的大背景下，通过对国外顶尖高校在科研管理、人才培养、行政管理等多方面先进制度的深入研究，运用制度移植与本土化理论，剖析其制度背后的文化、社会与教育体制根源。结合本校的历史文化底蕴、学科专业特色以及发展战略定位，有选择地吸收转化外部优秀制度经验，避免在制度建设过程中陷入闭门造车与盲目探索的困境。这一过程能够为高校制度文化注入新的活力，使其在传承本校优秀传统的基础上，实现与国际先进教育理念与管理模式的接轨，提升学校在全球教育竞争格局中的适应性与竞争力。

2. 集体谋划，构建体系

集体谋划充分彰显了高校制度建设过程中的民主性与科学性原则。依据公共治理理论，学校管理层、各职能部门负责人、教师代表以及学生代表共同参与制度构建的谋划进程，形成多元主体协同共治的局面。以构建学生管理制度体系为例，从教育管理学的系统理论视角出发，各方围绕学生日常行为规范、奖助学金评定、社团活动管理等关键领域展开深入研讨。在谋划过程中，全面考量学生在知识学习、品德修养、身心健康、社会实践等多方面的全面发展需求，运用系统分析方法，明确各项制度之间的逻辑关联与功能定位。通过构建层次分明、相互衔接的制度体系，实现各项制度在目标导向、执行机制以及监督反馈等方面的协同运作，为高校教育教学活动的有序开展提供坚实且系统的制度保障，促进学校整体治理效能的提升。

3. 研析旧制，精准定向

对高校旧有制度进行深入研析是制度文化建设迭代优化的关键环节。从制度变迁理论来看，高校旧制度在长期执行过程中，由于外部教育环境的变化、学校自身发展战略的调整以及利益相关者需求的转变，不可避免地会出现各种问题。运用教育评价理论中的过程性评价方法，对教学管理制度中的教学质量监控环节进行细致剖析，若发现存在诸如评价指标单一、监控周期不合理、反馈机制滞后等漏洞，这些问题将成为制度改革的重要切入点。在科研管理制度改革方面，若旧制度在科研成果转化激励机制上存在不足，如奖励标准不明确、转化流程烦琐等，基于创新驱动发展理论与产学研合作理论，新制度的制定应精准定向，强化对科研成果转化的政策支持力度，完善奖励机制，优化转化流程，促进高校科研成果与社会经济发展需求的深度融合，提升高校科研成果的社会应用价值，进而提高高校在社会创新体系中的影响力与竞争力。

4. 分工协作，集中审校

在制度建设过程中，分工协作模式符合组织管理中的专业化分工理论，能够有效提升工作效率与质量。高校各职能部门依据自身的职能定位与专业优势，承担不同类型制度的起草工作。教务处凭借其在教学业务管理方面的专业性，负责教学相关制度的起草，涵盖课程设置、教学运行管理、教学质量保障等领域；科研处则聚焦科研项目管理、科研成果评价、科研团队建设等方面的制度起草工作。在各部门完成制度初稿后，基于质量管理理论，成立专门的集中审校小组。该小组由学校领导、法律专家、资深教师等组成，小组成员具备多学科知识背景与丰富的实践经验。审校小组从语言表达的准确性、逻辑结构的严密性、政策合规性以及与学校整体发展战略的契合度等多个维度，对各项制度进行全面、细致的审核把关。通过这一严格的审校流程，确保制度文本的严谨性、权威性与一致性，避免不同制度之间出现内容冲突、逻辑矛盾等问题，维护学校制度体系的整体稳定性与有效性。

5. 严格程序，合法合规

严格程序与合法合规是高校制度文化建设的基准红线，作为治理现代化的基础性保障，构成不可突破的刚性约束。从教育法治理论来看，制度制定过程需遵循规范化、程序化的路径。从草案拟定阶段开始，就应明确起草主体的职责权限、起草依据以及基本框架结构。在意见征求环节，依据信息公开与公众参与原则，通过多种渠道向全体师生、校友以及社会相关利益群体广泛征求意见，确保制度制定过程的透明度与民主性。在修改完善阶段，对收集到的意见进行分类整理、分析研判，运用科学的决策方法对制度草案进行优化调整。最终发布实施环节，要明确发布主体、发布形式以及生效时间等关键要素。在制度内容方面，严格遵循国家法律法规以及各级教育行政部门的政策要求。高校制定的人事管理制度需全面符合《中华人民共和国劳动合同法》《中华人民共和国教师法》等相关法律法规，切实保障教职工的劳动权益、职业发展权益等；学生管理制度要严格遵循教育部颁布的关于学生管理的各项规定，保障学生的受教育权、人身权等合法权益，确保高校制度建设在法治轨道上有序推进。

6. 实践检验，动态优化

高校制度制定并非一劳永逸的过程，而是一个持续演进、动态优化的系统工程。依据实践是检验真理的唯一标准这一哲学原理，制度制定后需在实践中接受全面检验。运用教育研究方法中的调查研究法，通过设计科学合理的问卷调查、开展实地调研访谈等方式，广泛收集师生对制度实施效果的反馈意见。从制度经济学中的制度效率理论出发，若发现学生宿舍管理制度在实际执行中存在诸如作息时间规定与学生学习生活规律不匹配、宿舍资源分配不合理等影响制度效率的问题，学校应及时启动制度调整优化程序。随着学校办学规模的扩大、学科专业结构的调整、教育技术的革新以及社会对人才需求的变化，高校需持续关注内外部环境的动态变化，运用组织变革理论，适时更新制度内容，使制度始终能够精准适配学校发展的现实需求，保持制度的有效性、适应性与前瞻性，为高校的可持续发展提供有力的制度支撑。

7. 高校制度文化建设中的关键点

在高校制度文化建设的复杂系统中，有以下几个关键点要引起关注。首先，要深刻挖掘制度的文化内涵。从文化社会学理论来看，制度不仅仅是一种行为约束规范，更是学校办学理念、价值追求、精神风貌等文化要素的外在载体与具体体现。在学术制度建设中，融入严谨治学、追求真理、学术诚信等文化精神，能够从深层次激励师生坚守学术道德底线，营造积极健康的学术生态环境。其次，高度注重制度的可执行性。依据管理实践理论，制度设计应充分考虑学校实际情况、执行主体的能力与资源限制以及执行过程中的潜在障碍，避免制度过于理想化或烦琐复杂，确保制度在日常教育教学管理工作中能够落到实处，避免制度成为一纸空文。此外，持续关注制度的公平公正性。从社会公平理论出发，在制度制定与执行过程中，确保全体师生在机会获取、资源分配、权益保障等方面享有平等的权利与机会，避免出现制度性歧视或特权现象，促进校园和谐稳定发展，使制度文化真正成为高校文化建设的核心支撑力量，推动高校在人才培养、科学研究、社会服务等方面实现高质量发展目标。

第三节 高校物质文化建设路径

高校物质文化是高校文化的物质空间载体，是高校文化最直观的表现形式。高校物质文化主要包括两个方面：一是设施文化，主要包括实训室文化、办公室文化和公寓文化等；二是高校环境文化，即学校硬件设施环境所蕴含的文化形态。高校物质文化肩负着对内熏陶师生员工、对外树立学校良好形象的重要职责。

一、物质文化建设原则

在高校文化建设的多元体系中，环境文化建设占据着基础性的重要地位，其秉持的各项原则深刻塑造着校园的整体氛围，对师生的学习、工作与生活体验产生着深远影响。

（一）师法自然原则

从生态教育学理论出发，师法自然原则强调高校应积极引入自然元素，致力于构建与自然和谐共生的校园环境。在校园规划与建设中，依据生态群落学原理，大规模设置绿地空间，科学种植多样的本土植物，模拟自然生态群落的结构与功能。这种设计理念不仅为师生打造了亲近自然、舒缓压力的空间，契合高校对人与自然和谐关系的教育导向，也顺应了全球生态教育蓬勃发展的时代趋势。通过自然元素的融入，校园成为生态教育的生动课堂，有助于培养师生的生态环保意识与可持续发展理念。

（二）再现山水原则

基于文化传承与景观美学理论，再现山水原则旨在通过人工造景营造富有诗意的山水意境。高校通过修建假山、挖掘人工湖，并搭配亭台楼阁等传统建筑元素，构建具有中国传统山水文化特色的校园景观。这一举措传承了源远流长的中国传统山水文化，极大地提升了校园的文化品位。从文化心理学角度看，师生置身于此类景观中，能够深切感受传统文化的独特魅力，进而激发强烈的文化认同感与民族自豪感，增强校园文化的凝聚力与向心力。

（三）人性尺度与人性空间原则

人性尺度与人性空间原则紧密围绕师生的生理与心理需求展开。在校园建筑设计中，依据人体工程学原理，精准确定教学楼走廊宽度、教室桌椅高度等关键尺寸，以保障师生在日常使用中的舒适度，减少身体疲劳，提升学习与工作效率。同时，从环境心理学理论出发，打造休闲庭院、交流角等特色空间。这些空间契合师生在课间交流互动、独处思考等方面的心理需求，为师生提供了自由交流思想、分享情感的平台，促进师生间的思想碰撞与情感交流，营造浓厚的人文关怀氛围，增强师生对校园的归属感与认同感。

（四）时代特色原则

时代特色原则要求高校在校园建设中充分展现当下的审美趋势与功能需求。从建筑美学与教育技术发展理论来看，在建筑风格上，采用现代简约、富有创意的设计理念，体现时代精神与审美追求；在设施配备方面，引入智能化教学设施、信息化管理系统等，满足现代教育教学与管理的高效需求。这种与时俱进的建设思路为师生提供了符合时代发展的学习与工作环境，有助于培养师生的创新思维与适应能力，彰显高校积极进取、不断创新的精神风貌。

（五）文脉延续原则

依据文化记忆与校园认同理论，文脉延续原则强调通过保留校园历史建筑、设立校史陈列馆等方式，传承学校独特的历史文化脉络。校园历史建筑承载着学校发展的记忆与文化基因，是学校历史的物质见证。校史陈列馆则以丰富的史料、实物与多媒体展示，系统呈现学校的发展历程、办学成就与精神传承。通过这些举措，师生能够深入了解学校的历史底蕴，增强对学校的归属感与荣誉感，使校园文化底蕴在历史传承中得以不断深厚积淀，为学校的持续发展提供强大的文化支撑。

（六）整体规划与滚动发展原则

1. 整体规划

从校园空间规划理论出发，整体规划要求从校园全局视角出发，综合考虑教学区、生活区、运动区等不同功能区域的特点与需求，进行合理布局。运用系统分析方法，优化校园交通流线，确保校园运行高效有序。校园的五大结构要素——中心区域、轴线、主题区、功能区、出入口，各自承担独特功能又相互紧密关联。中心区域，通常包括行政楼、图书馆等核心建筑，集中展现学校的形象与文化内涵；轴线作为空间组织的重要元素，串联起校园内各重要建筑与景观，强化校园空间秩序，引导师生的行为与视线；主题区与功能区分别满足教学、科研、生活等不同功能需求，通过合理分区，提高校园功能的专业性与便利性；出入口作为校园与外界沟通的门户，其设计应充分体现学校特色与开放包容的态度，给来访者留下深刻印象。

在交通路线规划方面，结合景观设计构建交通空间至关重要。依据交通规划与景观设计理论，车行道与步行道的科学布局，实现人车分流，既保障校园交通安全，又提升师生出行的便捷性。步行道的设计注重与自然景观、生活服务设施的融合，不仅满足师生通行需求，更能为师生带来美的享受，提升校园空间品质与使用价值，激发校园活力。

2. 滚动发展

滚动发展原则强调高校要依据学校不同发展阶段的实际需求，逐步推进校园建设。从可持续发展与教育规划理论来看，这种建设方式既能满足学校当下的教学、科研与生活需求，又能为未来发展预留充足空间，保障校园建设的可持续性。在校园建设过程中，根据学校规模扩张、学科发展、教育技术更新等因素，合理安排建设项目的先后顺序与建设规模，避免盲目建设与资源浪费，实现校园建设与学校发展的动态平衡。

（七）"四个融合"原则

1. 民族性与现代性融合

依据文化融合与建筑设计理论，民族性与现代性融合要求在校园建筑设计中，巧妙融入民族传统元素，实现文化传承与现代发展的有机统一。在少数民族地区高校，深入挖掘本民族特色建筑符号、色彩体系与空间布局特点，将其应用于校园建筑外观设计，展现民族文化特色；在建筑内部空间设计与设施配备上，采用现代设计理念与先进技术，满足现代教育教学与师生生活的功能需求，使民族文化在现代语境中得以传承与创新发展。

2. 功能性与文化性融合

从建筑功能与文化承载理论出发，功能性与文化性融合要求校园建筑不仅具备实用功能，更要承载丰富的文化内涵。以校园图书馆为例，在满足藏书、借阅、自习等基本功能的基础上，通过内部装饰、文化活动策划等方式，将知识传承、学术交流、文化传播等文化功能融入其中。图书馆内部可设置文化长廊，展示学术成果、历史文化资料；定期举办学术讲座、读书分享会等活动，使其成为校园文化传播与交流的重要场所，实现建筑功能性与文化性的深度融合。

3. 现代性与文化性融合

现代性与文化性融合要求利用现代建筑材料、技术与设计手法，打造具有丰富文化主题的校园景观。从景观设计与文化表达理论来看，例如以科技为主题的雕塑公园，运用现代雕塑艺术形式，结合先进的材料与工艺，展现科技元素与文化内涵。这类景观既符合现代审美趋势，又通过艺术创作传达特定文化价值，使师生在欣赏景观的过程中，受到文化的熏陶与启迪，提升校园文化的感染力与影响力。

4. 人工性与生态性融合

依据生态建筑与可持续发展理论，人工性与生态性融合要求在校园建设中，通过采用绿色建筑技术，实现人工建造与自然生态的和谐共生。高校可建设绿色屋顶、雨水收集系统、太阳能利用设施等，降低建筑能耗，减少对环境的负面影响。绿色屋顶既能美化建筑外观，又能起到隔热保温、净化空气的生态作用；雨水收集系统收集利用雨水，用于校园绿化灌溉等，提高水资源利用效率；太阳能利用设施为校园提供清洁能源，践行绿色发展理念，培养师生的环保意识与可持续发展观念。

二、实训室文化建设

实训室文化作为高校文化的重要延伸，对学生职业素养培养具有关键作用。

（一）实训室文化的建设原则

（1）育人理念。通过展示专业前沿知识、优秀毕业生案例等，激发学生学习动力与职业理想。

（2）服务理念。为师生提供良好的实训条件与支持。

（3）严谨理念。通过规范实训操作流程、严格考核标准得以彰显。

（4）体验快乐理念。通过优化实训环境、设置趣味性实训项目实现。

（5）校企合作共建与文化共融原则。践行该原则能使学生在校内实训室接触到真实的企业环境与文化，如引入企业的生产设备、管理制度，邀请企业技术人员参与实训教学，让学生深刻理解职业价值内涵，为未来就业做好充分准备。

（二）实训室物性塑造

实训室物性塑造是文化建设的物质基础，可以从以下几方面着手。

（1）合理的设备布局。布局合理的设备能够提高实训效率。例如，通过技术能力标注与设备来源渠道标识，将有助于学生了解设备功能与行业背景，使设备成为知识与技能的生动载体，促进理论知识与实践操作的紧密结合。

（2）恰当的视觉呈现。恰当的视觉呈现能够从多方面营造良好学习氛围。例如，选择恰当的色调。科技类实训室采用冷色调体现严谨；艺术设计类实训室采用暖色调激发创意。

（3）知识引导与氛围营造。例如张贴专业知识海报、展示学生优秀实训作品，从而激发学生求知欲与进取心。

（4）完善的实训室运行模式。其主要包括科学的运行机制、合理的经营策略、严格的管理制度与创新的实训教学策略。完善的实训室运行模式能够保障实训室高效运转，为学生提供高质量实训教学，全面提升学生的职业技能与综合素养，助力高校培养适应社会需求的应用型人才，推动高校文化在实践教学领域的深度发展。

三、办公室文化建设

办公室作为高校教职员工履行职责的关键空间，其文化建设对高校的整体运行与发展意义深远。办公室文化品质直接影响学校人际关系的和谐度、教职员工的幸福指数、学校凝聚力、工作效率以及管理目标的达成。

（一）教师办公室文化建设路径

在高校，教师办公室文化建设应注重学术氛围的营造与团队协作精神的培育。

办公室可定期组织小型学术研讨会，教师们围绕教学心得、科研进展等主题进行交流分享。例如，在人文社科领域的教师办公室，可针对某一学术热点问题，如"数字时代文学批评的转向"，组织教师进行深入探讨，促进思想碰撞，拓宽学术视野。同时，鼓励教师在办公室内展示个人学术成果，如发表的论文、出版的著作等，形成浓厚的学术氛围。

在团队协作方面，教师办公室可通过共同承担教学项目、科研课题来加强合作。在课程建设中，不同学科背景的教师组成团队，整合教学资源，共同设计跨学科课程，不断提升课程质量。在科研上，组建科研团队，明确分工，从课题申报到研究实施，各成员发挥专业优势，协同推进研究工作。此外，注重办公室环境的人文关怀，布置舒适的休息区域，摆放绿植，营造温馨、舒适的工作环境，能够提升教师的工作幸福感。

（二）员工办公室文化建设路径

员工办公室文化建设侧重于服务意识与高效工作作风的培养。对于行政、教辅等员工办公室，应强化服务理念。建立服务质量反馈机制，定期收集师生对办公室服务的意见与建议，不断改进服务流程与质量。例如，学校教务处办公室可通过线上问卷、线下访谈等方式，了解师生在学籍管理、课程安排等方面的需求，及时调整工作方式，提高服务满意度。

在高效工作作风建设上，规范工作流程，明确岗位职责。例如，制定详细的工作手册，使员工清楚各项工作的操作流程与标准，减少工作中的推诿与拖沓现象。同时，加强员工培训，提升员工的业务能力与综合素质。例如，组织办公软件应用培训、沟通技巧培训等，提高员工的工作效率与沟通能力。此外，通过开展团队建设活动，如户外拓展、文化沙龙等，增强员工之间的凝聚力与合作意识，营造积极向上的办公室氛围。

四、公寓文化建设

（一）完善制度体系

在高校公寓文化建设中，完善制度体系是基础保障。高校应制定涵盖公寓日常管理、学生行为规范、设施维护等多方面的规章制度。例如，明确学生作息时间，规定夜间熄灯制度，确保学生有充足的休息时间，能够以良好的精神状态投入学习。建立严格的访客登记制度，保障公寓内学生的人身与财产安全。同时，针对公寓设施损坏报修流程进行详细规定，明确报修方式、处理时限等，提高公寓管理效率。通过制度体系的完善，使公寓管理有章可循，为公寓文化建设营造规范有序的环境。

（二）强化服务质量

强化服务质量是提升公寓文化内涵的重要举措。公寓管理部门应树立以学生为中心的服务理念，加强工作人员培训，提高服务意识与专业素养。例如，宿管人员定期参加沟通技巧培训，能更好地与学生交流，及时了解学生需求并提供帮助。优化公寓服务设施，如在公寓内设置自助洗衣房、共享厨房等，满足学生多样化生活需求。同时，建立便捷的服务反馈渠道，如线上服务平台、意见箱等，及时处理学生反馈的问题，不断改进服务质量，增强学生对公寓的满意度与归属感。

（三）落实安全保障

安全保障是公寓文化建设的重中之重。高校要加强公寓安全管理，定期进行包括消防设施检查、电器使用安全检查等在内的安全检查。例如，每月对公寓内的灭火器、消防栓等消防设施进行检查维护，确保其能正常使用。开展消防安全知识培训与演练，提高学生的安全意识与应急逃生能力。同时，加强公寓门禁管理，采用智能化门禁系统，限制外来人员随意进入，保障学生在公寓内的人身与财产安全，为公寓文化建设提供安全稳定的环境。

（四）倡导阅读风尚

倡导阅读风尚有助于提升学生的文化素养，丰富公寓文化内涵。高校可在公寓内设置图书角，配备涵盖专业书籍、文学作品、科普读物等多种类型的书籍，方便学生随时借阅。组织开展公益阅读分享会，鼓励学生交流读书心得，营造浓厚的阅读氛围。例如，每月举办一次以"经典文学赏析"为主题的阅读分享会，使学生分享自己对经典文学作品的理解与感悟，促进其思想交流。同时，通过倡导阅读风尚，将公寓打造成为学生学习与成长的第二课堂。

（五）宿舍文化建设

宿舍文化是公寓文化的核心单元。良好的宿舍文化能够推动公寓文化建设的深入发展。高校应鼓励学生自主设计宿舍文化，营造具有个性与特色的宿舍环境。例如，开展宿舍美化大赛，让学生根据自己的兴趣爱好，对宿舍进行装饰，展示独特的宿舍文化。组织宿舍间的文体活动，如宿舍篮球赛、宿舍歌唱比赛等，增强宿舍成员之间的凝聚力与团队协作精神。同时，引导宿舍成员共同制定宿舍公约，规范日常行为，营造和谐的宿舍氛围。

五、图书馆文化建设

在高校文化育人体系中，图书馆占据着举足轻重的地位，关系着育人目标的达成。高校图书馆的资源建设需契合育人导向，构建兼具深度与广度的知识资源矩阵。

（一）深化专业知识

在专业知识深化层面，针对学科发展的前沿动态，图书馆应建立良好的资源采购机制。以生命科学领域为例，随着基因编辑、合成生物学等新兴研究方向的兴起，图书馆应迅速引入相关的高影响力学术期刊、权威专著以及最新研究报告，助力师生深入探究学科前沿知识，为科研创新与专业学习提供知识源动力，在学术探索中培育学生的专业素养与科研精神。

（二）拓宽文化视野

全球化浪潮促使文化多元交融，图书馆作为文化汇聚之地，应广泛收藏世界各国的文学经典、哲学思想巨著以及艺术文化典籍。学生通过阅读这些跨文化资源，能够突破文化局限，理解不同文化的价值观念与思维模式，进而提升跨文化交流能力与全球文化视野，这对于培养适应全球化竞争的综合型人才至关重要。

例如，复旦大学图书馆，不仅拥有丰富的中文古籍特藏，还系统收藏了大量外文原版书籍，为师生开展跨文化研究与学习搭建了广阔的知识平台。此外，数字化时代为图书馆资源建设带来新契机。借助云计算、大数据等信息技术，高校图书馆能够打造智能化、个性化的数字资源服务体系。通过对师生阅读行为数据的深度挖掘与分析，能够精准洞察师生的知识需求与阅读偏好，实现学术资源的精准推送。高校图书馆可以利用大数据技术开发的智能推荐系统，依据学生的专业、学习阶段以及过往阅读记录，为学生精准推送相关的学术文献、电子书籍以及学术讲座信息，提升学生知识获取的效率与针对性，满足学生个性化的学习需求，促进对学生自主学习能力的培养。

（三）营造空间环境

图书馆内部空间设计应围绕文化育人功能展开。安静舒适的阅读区作为核心功能空间，需遵循人体工程学原理配置设施，确保学生在长时间阅读过程中的身体舒适度，为深度学习创造良好的物理条件。同时，还可以运用环境心理学理论，通过色彩、灯光等元素营造宁静、专注的阅读氛围。例如，高校图书馆可以在阅读区采用柔和的自然光与暖色调灯光相结合的照明设计，再搭配淡雅的墙面色彩，营造出温馨、静谧的空间氛围，有助于学生快速进入沉浸式的阅读状态。

（四）开展学术研讨活动

功能完善的研讨交流空间对于促进学术交流与合作学习具有关键作用。研讨交流空间应配备先进的多媒体交互设备、智能会议系统等，满足学生小组学习、学术研讨以及项目协作的需求。同时，可以通过组织各类学术研讨活动，如跨学科工作坊、学术沙龙等，促进不同学科背景学生之间的思想碰撞，培育学生的团队协作能力、批判性思维以及创新能力，实现知识的共享与创新，在交流互动中达成文化育人的目标。

（五）组织文化活动

在文化活动组织方面，图书馆应充分发挥其文化传播与教育的功能，定期举办读书分享会，鼓励学生分享阅读感悟与知识见解，从多元视角解读经典作品。这些方式能够促进知识在学生群体中的传播与共享，培养学生的阅读兴趣与表达能力。同时，还可以邀请知名学者、作家举办讲座与论坛，分享学术研究成果、创作经验以及前沿思想，为学生搭建与学界前沿对话的桥梁，激发学生的学习热情与创新思维，在浓厚的学术文化氛围中实现文化育人的价值追求。

六、高校景观建设

高校景观作为高校文化育人的重要物质载体，其规划与建设对育人环境的塑造及育人目标的实现具有深远影响。高校景观规划需要遵循整体性原则和教育性原则。

（一）整体性原则

在景观规划理念方面，整体性原则是基石。高校景观设计必须与高校整体文化定位及建筑风格深度融合，形成有机统一的校园文化景观生态系统。对于秉持传统文化传承理念的高校，如北京师范大学，其校园景观设计巧妙融入中式园林元素，以古典的亭台楼阁、蜿蜒的长廊、精致的假山池沼等营造出古朴典雅、人文气息浓郁的校园氛围，与学校百年的文化积淀和教育传统相得益彰，使学生在校园环境中感受传统文化的熏陶，传承民族文化基因。而以科技创新为特色的高校，如中国科学技术大学，在景观设计上运用简洁流畅的现代线条，打造出充满现代活力的校园景观，彰显学校在科学研究与创新领域的追求，激发学生的创新思维与探索精神，契合科技创新人才培养的文化需求。

（二）教育性原则

教育性原则是高校景观建设的核心价值导向。景观不仅应具备美学价值，更要承载丰富的教育内涵。

主题雕塑作为景观教育功能的重要体现形式，具有强大的榜样激励作用。以学校杰出校友为原型创作的雕塑，能够树立具象的榜样形象，激励学生以校友为标杆，勤奋学习、追求卓越。例如，耶鲁大学校园中的众多杰出校友雕塑，成为学子们追求学术成就与社会贡献的精神指引。

抽象主题雕塑则通过独特的艺术造型与表现手法，传达学校的核心精神与价值理念。如以"创新""突破"为主题的雕塑，以富有张力的形态激发学生的创新思维与进取精神。

此外，文化长廊的建设是学校景观育人的重要举措。通过展示学校的发展历程、重大历史事件、杰出成就等校史资料，增强学生对学校的认同感与归属感，传承学校的文化记忆与精神脉络。同时，在长廊中展示各学科领域的知识要点、科学家的成长故事以及科技创新成果等科普内容，能够拓宽学生的知识面，培养学生的科学精神与人文素养，使学生在日常校园生活中，潜移默化地接受知识的滋养与文化的熏陶，实现校园景观在高校文化育人中的独特功能。

第四节　高校行为文化建设路径

一、决策层行为

在高校文化建设的宏大体系中，决策层占据着核心引领地位。决策层通常由高校的校级领导组成，他们是学校发展战略的制定者，肩负着为学校长远发展指明方向的重任。决策层的行为对高校整体文化建设起着决定性作用，其决策过程、领导风格以及价值取向，深刻影响着学校的办学理念、发展路径以及师生的行为模式。决策层行为主要表现在战略规划、领导风格与价值取向三个方面。

（一）战略规划

决策层需立足时代发展需求、高等教育发展趋势以及学校自身的历史积淀与现实基础，制定具有前瞻性、科学性和可行性的学校发展战略。例如，在当前"双一流"建设的大背景下，决策层要精准把握学科发展动态，合理布局学科专业，确定重点建设学科，整合优势资源，推动学校在学科建设方面实现突破。在这一过程中，决策层需广泛调研、深入论证，综合考量学校的师资力量、科研基础、社会需求等多方面因素，确保战略规划既符合学校实际，又顺应高等教育发展潮流。

（二）领导风格

决策层的领导风格在很大程度上塑造着高校的行为文化。民主型领导风格鼓励师生积极参与学校事务决策，通过召开教职工代表大会、学生代表座谈会等形式，广泛听取师生意见，充分发挥师生的主体作用，营造民主、和谐的校园氛围。在重大决策过程中，决策层尊重不同观点，鼓励多种声音，通过充分的讨论与协商，达成共识，使决策更具科学性与合理性。而创新型领导风格则激励高校在教育教学、管理服务等方面勇于探索、敢于创新。决策层积极推动教育教学改革，鼓励教师创新教学方法、开展教学研究，支持管理部门优化管理流程、提升管理效能，为学校注入新活力。

（三）价值取向

决策层的价值取向是高校行为文化的灵魂所在。以人才培养为核心价值取向的决策层，会将主要精力与资源投入教学质量提升、师资队伍建设以及学生综合素质培养等方面。他们注重优化课程体系、加强实践教学环节，为学生提供丰富的学习资源与广阔的发展空间。以科研创新为核心价值取向的决策层，则会大力支持科研平台建设、科研团队培育以及科研项目开展，营造浓厚的学术氛围，鼓励教师开展高水平科研工作，提升高校的学术影响力。决策层通过自身的言谈举止，将这些价值取向传递给全校师生，引导师生形成共同的价值追求，促进高校行为文化的建设与发展。

二、管理层行为

在高校行为文化建设这一复杂且系统的工程中，管理层处于核心枢纽位置，其重要性不容小觑。高校管理层行为犹如精准导航，不仅为学校的整体发展确定方向，更是塑造校园行为文化基调与氛围的关键驱动力，对全校师生的行为规范、价值取向有着深刻且持久的影响。高校的管理层行为主要有以下四个方面。

（一）战略规划与决策行为

1.战略规划行为

制定科学、合理且具备高度前瞻性的战略规划，是高校管理层的首要责任。这个过程要求管理层深度剖析高等教育领域的发展趋势，精准捕捉时代变革的细微信号。在当今科技迅猛发展的时代，人工智能、大数据、区块链等新兴技术正深刻重塑各行业生态，高等教育领域亦深受其影响。在此背景下，高校管理层须具备敏锐的洞察力，深入探究这些新兴技术对高校教学模式革新、学科发展走向的潜在影响。以人工智能技术为例，其在教育领域的应用，催生出智能化教学辅助工具、个性化学习系统等新的教学手段，也推动了人工智能相关学科专业的兴起。鉴于此，诸多顶尖高校的管理层在全面且深入调研的基础上，凭借卓越的战略眼光，率先布局，设立人工智能学院。在学院建设过程中，精心整合计算机科学、数学、统计学等多学科优质资源，制定契合时代需求与学科发展规律的人才培养方案，规划具有前沿性的科研发展路径，为学校在新兴技术领域抢占发展先机奠定坚实基础。

2.决策行为

在决策实践中，高校管理层应始终秉持民主、科学的基本原则。面对校区建设规划、学科调整方案、重大教育教学改革举措等一系列关系学校长远发展的重大决策事项，管理层需广泛且深入地征求全校师生的意见与建议。

为实现这一目标，高校管理层可通过多种有效途径搭建沟通桥梁。比如，组织召开教职工代表大会，教职工代表作为广大教师群体的代言人，能够充分反映一线教师在教学、科研、管理等方面的诉求与见解；举办学生座谈会，让学生有机会表达自身在学习、生活、校园文化活动等方面的期望与需求；利用现代信息技术手段，搭建线上调研平台，突破时间与空间限制，方便全校师生随时随地参与决策讨论，发表个人观点。

以高校新校区建设项目为例，在项目启动初期，管理层在确定校区选址、功能分区、建筑风格等关键决策环节前，除了要多次组织由城市规划专家、教育领域学者、建筑设计师等组成的专家论证会，充分汲取专业智慧，还可以通过校园官网、校内论坛等线上平台，以及线下意见箱等方式，向全校师生全面开放意见征集通道。师生可以从教学设施需求、生活配套设施便利性、校园文化传承与创新等多元视角出发，提出可供参考的宝贵建议。管理层对收集到的海量信息进行系统梳理、综合考量，充分吸纳合理建议，对校区规划方案进行多轮优化。最终建成的新校区在空间布局、功能设置等方面将高度贴合师生实际需求，极大增强了师生对学校决策的认同感与参与感，为校园良好行为文化的建设筑牢民主根基。

（二）组织与管理行为

高效且有序的组织与管理体系是保障高校平稳、顺畅运转的基石，也是高校行为文化建设的重要支撑力量。在教学管理范畴，高校管理层应致力于构建科学、完善的教学质量监控体系。该体系需制定全面且严格的教学评估标准，从教师授课质量、课程设置合理性、学生学习效果等多个维度进行综合考量。在教师授课质量评估方面，可采用多元化评估方式，包括同行听课评价、专家评课、学生评教等，从不同视角对教师的教学方法、教学内容呈现、课堂互动效果等进行全面评价。在课程设置合理性评估方面，需综合考虑学科发展需求、学生专业素养提升要求、社会对人才知识结构的期望等因素，定期对课程体系进行优化调整。在学生学习效果评估方面，通过考试成绩分析、实践教学成果考核、学生综合素质测评等多种方式，全面、客观地评价学生的学习成效。为确保教学质量监控体系的有效运行，高校需建立常态化的教学检查机制。高校管理层可以建立月度教学检查制度，每月对各学院的教学情况进行系统汇总与深入分析。针对教学效果欠佳的教师，学校组织专业培训团队，为其提供个性化的教学指导与培训服务，助力教师提升教学水平。通过上述举措，高校可以在全校范围内营造出严谨治学、追求卓越教学质量的行为文化氛围。

在科研管理领域，高校管理层的核心任务是营造积极活跃、鼓励创新的科研环境。一方面，加大对科研工作的资源投入力度，积极建设先进的科研平台。在硬件设施建设方面，购置高端科研设备，打造专业化实验室，为科研人员开展前沿科学研究提供坚实的物质基础。在软件环境打造方面，制定完善的科研管理制度，简化科研项目申报流程，提高科研管理效率。另一方面，构建合理且富有激励性的科研体系。设立科研成果奖，对在基础研究、应用研究等领域取得突出科研成果的团队和个人给予物质奖励与精神表彰；提供科研项目配套资金，对获批国家级、省部级科研项目的团队给予一定比例的资金配套支持，减轻科研团队的资金压力，激发教师投身科研工作的积极性与创造性。通过这些举措，高校可以在内部形成勇于探索未知、敢于突破创新的科研行为文化。

（三）沟通与协调行为

高校作为一个多元主体构成的复杂组织系统，内部存在多个职能部门以及不同利益群体。在此情境下，高校管理层的沟通与协调能力成为维系学校正常运转、促进学校发展的关键因素。

在部门间沟通协调方面，管理层应着力搭建高效、顺畅的沟通桥梁。定期组织召开部门联席会议，为教务处、科研处、学生处、后勤保障处等各职能部门提供信息共享与交流协作的平台。在联席会议上，各部门汇报工作进展，交流工作中遇到的问题与困难，共同探讨解决方案。以举办大型学术活动为例，这一活动的成功举办涉及多个部门的协同合作。教务处需根据活动时间，合理调整教学安排，确保师生能够参与活动；科研处负责邀请国内外知名专家学者，组织学术报告、研讨会等学术环节，保障学术活动的质量与水平；学生处组织学生志愿者，承担活动现场的引导、服务等工作；后勤保障处则负责活动场地布置、设备维护、餐饮住宿安排等后勤支持工作。通过部门联席会议，各部门明确自身职责，密切配合，高效协作，确保大型学术活动顺利开展，充分展现学校内部团结协作、协同共进的行为文化。

在与师生沟通方面，高校管理层应秉持主动、积极的态度，构建常态化的沟通机制，及时倾听师生诉求。学校领导定期开展接待日活动，在固定时间、地点与师生进行面对面交流，耐心解答师生在学习、工作、生活中遇到的各类问题。高校管理层可利用校园网络平台，如校园官网、校内论坛、社交媒体群组等，及时发布学校政策信息，回应师生关切的热点问题。

（四）引领与示范行为

高校管理层作为学校发展的引领者与决策者，其自身行为具有强大的示范效应与引领作用。在学术道德建设方面，管理层应以身作则，成为遵守学术诚信底线的楷模。学校领导在科研项目申报、论文撰写与发表、学术成果评价等学术活动中，应严格遵循学术规范，自觉抵制学术不端行为。同时，对于学校内部出现的学术不端现象，管理层应秉持零容忍态度，坚决予以打击。学校还应建立健全学术不端行为举报、调查、处理机制，依据相关学术规范与法律法规，对相关行为进行公正、及时、客观的调查及处理。对于经调查属实的学术不端行为，应当依法依规严肃处理，并及时向全校通报处理结果。

在校园文化活动中，高校管理层的积极参与能够发挥良好的带动作用，引领师生共同践行校园文化。学校领导出席开学典礼、毕业典礼、校园文化艺术节、科技节等重要活动，在活动中发表富有思想深度与感染力的讲话，能够向师生传递学校的办学理念、价值观和文化精神。在开学典礼上，学校领导可以通过对学校历史文化的回顾、对学校发展目标的阐述，激发新生对学校的认同感与归属感，引导新生树立正确的学习目标与人生理想；在毕业典礼上，学校领导对毕业生的成长与成绩予以肯定，鼓励毕业生在未来的工作与生活中继续践行学校的价值观，为社会发展贡献力量；在运动会、文艺会演等文体活动中，学校领导积极参与，与师生同场竞技、共同表演，能够营造出健康向上、积极参与的校园文化氛围。例如，在学校运动会上，学校领导带头参加教职工趣味运动项目，与师生互动交流，极大地激发了师生参与体育活动的热情。上述举措能够引领师生共同构建充满活力、积极进取的校园行为文化。

三、学生行为

学生行为文化作为高校行为文化建设的关键外显要素，深刻映射出学校的教育成效以及学生群体的综合素养水平，在高校整体文化生态系统中占据着举足轻重的地位。学生的行为涉及学生的学习、生活、社交以及社会实践等多个维度。他们在这些活动中所展现出的态度倾向、行为习惯以及价值取向，不仅塑造了个体独特的形象标识，更以潜移默化又极为深刻的方式对学校文化氛围的营造与发展产生深远影响。

（一）学习行为

在学习行为维度，学生需确立科学合理且契合自身发展需求的学习目标，并秉持积极主动、持之以恒的学习态度。明确而精准的学习目标宛如航海中的灯塔，为学生的学习征程提供清晰的方向指引。无论是致力于在专业知识领域追求精深造诣，深入探究专业核心理论与前沿技术，还是着眼于为未来职业发展储备必要的技能与知识体系，学生均需依据自身的兴趣偏好、天赋能力以及未来职业规划对自身的学习目标进行审慎且合理的设定。同时，学生还要具有积极的学习态度。具有积极学习态度的学生内心深处充满对知识的强烈渴求和主动探索未知领域的热忱精神。在课堂教学情境中，学生能够主动参与课堂讨论环节，踊跃发表个人见解，积极回应教师提出的问题，展现出高度的学习专注度与投入度。

在学习进程中，优良的学习习惯是保障学习效果、提升学习效率的关键支撑。学生应具备制订科学系统学习计划的能力，依据课程设置、学习任务以及自身学习节奏，合理分配学习时间，确保各类知识能够得到有序且全面的学习与巩固。学生需注重知识的积累与系统性整理，善于运用归纳总结、类比分析等方法，将零散的知识点构建成逻辑严密、条理清晰的完整知识体系。在理工科学习领域，学生通过规律性的复习回顾、详细的笔记记录以及错题的整理分析等方式，不断加深对专业知识的理解，提高对专业知识的应用熟练度；在文科学习领域，学生广泛涉猎经典文献资料，通过撰写读书笔记、整理文献综述等手段，持续扩充知识储备量，提升逻辑思维能力与批判性思维能力。

此外，积极投身于各类学术活动亦是学生学习行为的重要组成部分。参与学术讲座，聆听不同学科领域专家学者分享的前沿研究成果与最新学术动态，学生能够有效拓宽学术视野，激发对学科前沿问题的探索兴趣；加入学术社团组织，与志同道合的同学围绕学术问题展开深入交流与探讨，学生能够碰撞出创新思维的火花，促进学术观点的多元融合与创新发展；尝试参与科研项目实践，在项目研究过程中，学生能够亲身体验科研的全过程，锻炼科研方法运用、问题分析解决以及创新成果产出等关键科研能力，为未来在学术领域的深入发展筑牢坚实基础。

（二）生活行为

学生的生活行为直观反映在其自我约束能力以及对待生活的基本态度上。在校园日常生活中，严格遵守科学合理的作息时间是维持良好学习与生活状态的基本前提。规律有序的作息安排有助于学生保持充沛的精力与良好的精神风貌，进而显著提高学习效率与生活质量。坚持常态化的体育锻炼，积极踊跃参与各类体育活动，诸如学校运动会、篮球比赛、健身操课程等，不仅能够有效提高学生的身体素质，塑造健康体魄，更能在体育竞技与团队协作过程中，培养学生的团队合作精神、竞争意识以及坚韧不拔的意志品质。

注重个人卫生以及宿舍环境卫生的维护，致力于营造整洁、舒适、宜人的生活环境，对于学生的身心健康发展具有不可忽视的重要意义。良好的生活环境能够使学生在心理上获得愉悦感与归属感，从而以更加饱满的热情与积极的心态投入学习与生活之中。

在消费行为方面，学生应树立理性、健康、可持续的消费观念，坚决摒弃盲目攀比、铺张浪费等不良消费行为。学生须具备合理规划个人生活费的能力，优先保障学习资料购置、生活必需品消费等基本需求，在此基础上，适度参与文化娱乐消费活动，培养健康、多元的消费习惯，实现个人消费行为与经济能力、社会价值导向的有机统一。

积极参与丰富多彩的校园文化活动亦是学生生活行为的重要体现。踊跃参加校园文化节、艺术展览、文艺演出等文化艺术活动，能够极大地丰富学生的课余生活，提升学生的文化艺术修养与审美鉴赏能力。在参与这些活动的过程中，学生能够深切感受学校文化的独特魅力，增强对学校的认同感、归属感以及文化自信，促进自身全面发展与个性成长。

（三）社交行为

社交行为是学生人际交往能力与道德素养水平的集中体现。在与同学的日常交往过程中，学生应充分尊重他人的个性特征、兴趣爱好以及观点见解，学会耐心倾听、换位思考与理解包容，通过持续的沟通实践锻炼，培养良好的沟通表达与人际交往能力。

学生应致力于建立真诚、友善、互助的同学关系，并在学习、生活等方面相互支持、携手共进，共同追求学业进步与个人成长。在团队合作场景中，学生需充分发挥自身优势特长，积极主动承担团队任务与责任，与团队成员密切协作、协同配合，共同完成团队目标任务，在实践过程中不断提升团队协作能力与组织协调能力。例如，在课程小组作业、社团活动策划组织等团队项目中，学生通过有效的信息沟通、任务分工以及协作执行，实现团队目标的达成，同时进一步深化同学之间的友谊与信任关系。

在与教师的交往互动中，学生应始终保持尊敬师长的态度，主动与教师就学习过程中的疑难问题、生活中的困惑烦恼进行交流沟通，虚心接受教师的专业指导与建议。学生可积极参与师生互动活动，如学术研讨、课外实践指导、师生座谈会等，在互动过程中，促进师生之间的知识传递、思想碰撞与情感交流，实现教学相长的良好教育效果。

此外，学生在社交活动中必须严格遵守社会道德规范与行为准则，秉持诚实守信的原则，自觉遵守社会公德，展现出良好的道德风貌与文明素养，坚决杜绝校园欺凌、恶意竞争、不诚信交往等不良行为。学校、师生和社会各界人士应共同营造和谐、文明、积极向上的校园社交环境，为学生的成长发展创造有利的人际氛围。

（四）社会实践行为

社会实践行为是学生将课堂所学理论知识与现实社会实际需求紧密结合、实现综合素质全面提升的重要途径与有效手段。学生积极投身于各类志愿服务活动，如社区义工服务、环保公益活动组织、支教帮扶行动等，通过这些实践活动，培养自身的社会责任感、奉献精神以及服务意识。在志愿服务过程中，学生能够深入了解社会不同层面的需求，充分发挥自身的专业知识与技能优势，为社会发展贡献个人力量，同时在实践锻炼中不断提高自身的社会适应能力与问题解决能力。

通过参与实习实训活动，学生可以将所学专业知识应用于真实的工作场景之中。通过实际操作与实践体验，学生能够积累宝贵的工作经验，切实提升专业技能水平。借助实习实训平台，学生还能够深入了解行业发展动态、职业岗位要求，进一步明确自身的职业发展方向与目标定位，为未来顺利进入职场、实现职业理想做好充分准备。

此外，积极参与创新创业实践活动，如参加创新创业竞赛、组建学生创业团队、开展创业项目实践等，有助于培养学生的创新思维能力、创业实践能力以及勇于担当的精神品质。在创新创业实践过程中，学生敢于突破传统思维定式，勇于尝试新的商业模式、技术应用与管理方法，不仅为社会创新发展注入新鲜活力与创新动力，也为自身的职业发展开辟了新的路径。

四、教师行为

教师行为文化是高校文化建设的关键组成部分，深刻影响着学生的成长与发展，也反映着学校的整体文化风貌。教师群体在师德、教学、治学、师生关系、与家长关系、社会责任等方面所展现出的态度和情感倾向，构成了独特的教师行为文化。教师行为文化的建设主要从教师职业规范、人文素养、专业素养等方面进行。

（一）教师职业规范

教师职业规范作为教师行为文化的根基性要素，其内涵丰富且涵盖多个关键层面。

在师德建设领域，教师需始终坚守高尚的道德操守，秉持对教育事业的赤诚初心，将敬业精神与关爱学生的情怀融入日常教育教学工作的每一个环节。这要求教师对教育事业抱着深沉且持久的热忱，以高度的责任感全身心投入教学活动与育人实践之中。在与学生的互动过程中，教师应充分尊重学生作为独立个体的人格尊严，高度关注学生的身心健康状况以及全面发展需求。从道德层面而言，教师的一言一行皆应成为学生道德认知与行为实践的典范，以潜移默化的方式引导学生树立正确的道德观念与价值取向。

在备课环节，教师应深入钻研教学大纲，精准把握教学目标与要求，并紧密结合学生的实际知识水平、认知能力以及学习特点，精心设计科学合理且富有针对性的教学方案。在教学方法的选择与运用上，教师应秉持多元化原则，灵活运用讲授法、讨论法、案例教学法、探究式教学法等多种教学方法，以激发学生的学习兴趣，调动学生的学习积极性，进而显著提升教学效果。在教学过程中，教师应严格遵循既定的教学时间安排，按时开展教学活动并准时下课，确保教学节奏的稳定性与连贯性。对于学生作业的批改，教师应秉持认真负责的态度，细致审阅学生的作业内容，及时给予反馈与评价，为学生的学习改进提供明确且具体的指导建议。在考试组织与实施环节，教师必须严格执行考试纪律，从试卷命题、考试过程监督到成绩评定等各个环节，均应确保考试结果的公平公正，维护教学秩序的严肃性与权威性。

在治学规范层面，教师在学术研究领域应秉持严谨的态度与科学的精神。在开展科研工作时，教师务必严格恪守学术道德规范，坚决杜绝抄袭、剽窃、伪造数据等学术不端行为。教师应积极投身于学术研究活动，注重研究方法的科学性、创新性与适用性，深入探索学科领域的前沿问题，为推动学科知识体系的拓展与完善贡献智慧与力量。在学术交流活动中，教师应始终保持谦逊的态度，充分尊重他人的研究成果，以理性、客观的态度参与学术观点的探讨与交流，共同营造积极健康、开放包容的学术氛围。

（二）教师人文素养

人文素养首先体现为教师对人文知识体系的广泛涉猎与深刻理解，涵盖文学、历史、哲学、艺术等多个领域。具备深厚人文知识储备的教师，在教学实践过程中能够旁征博引，巧妙地将专业知识与人文知识有机融合，为学生构建起更为广阔的知识视野，助力学生综合素养的全面提升。通过对人文知识的传授与解读，教师能够引导学生从多元视角审视问题，培养学生的批判性思维与创新能力。

人文关怀作为教师人文素养的核心特征，要求教师高度关注学生的情感需求与心理状态。教师应敏锐洞察学生在学习过程中所面临的困惑与压力，以及在日常生活中遭遇的困难与挑战，及时给予学生充分的关心与切实有效的帮助。在课堂教学环境营造方面，教师应致力于打造宽松、和谐、民主的课堂氛围，鼓励学生积极参与课堂讨论，勇敢表达个人观点，充分尊重学生的个性差异与独特见解，以培养学生的自信心与创造力。在课外时间，教师应主动与学生展开深入交流，全面了解学生的兴趣爱好、职业规划以及人生理想等，为学生提供个性化的发展指导与建议，助力学生实现全面且个性化的成长。

此外，教师的人文素养还彰显于其独特的审美情趣与强烈的文化传承意识上。教师应具备敏锐的审美感知能力与较高的审美鉴赏水平，能够引导学生发现生活中的美、自然中的美以及艺术作品中的美，并进一步培养学生的审美创造能力。在教学活动与校园文化建设过程中，教师可通过组织学生参与艺术鉴赏、文学创作、文化艺术展览等形式多样的活动，全方位提升学生的审美素养。同时，教师肩负着传承与弘扬中华优秀传统文化、地域特色文化的重要使命。在教学内容设计与教学活动组织过程中，教师应积极将中华优秀传统文化元素、地域文化特色融入其中，增强学生对本土文化的认同感与归属感，培育学生的文化自信，推动优秀文化的传承与创新发展。

（三）教师专业素养

在学科专业知识范畴，教师需构建起扎实稳固的专业基础知识体系，并具备深厚的学科专业造诣。教师不仅要精通本学科领域的基本理论、核心概念以及主要研究方法，还应持续关注学科前沿动态与未来发展趋势，保持对新知识、新技术的敏锐感知与学习热情。以理工科专业为例，教师需熟练掌握专业领域的基础理论知识与实验技能，同时密切跟踪学科领域内的科技创新成果与发展方向，如人工智能、大数据、新能源等新兴技术领域的研究进展，及时将最新的学科知识与技术应用融入教学内容之中，确保学生所学知识的时效性与实用性，使学生能够紧跟学科发展的时代步伐。

教师还应深入研习并熟练掌握先进的教育教学理念与多样化的教学方法，能够依据具体的教学目标、教学内容以及学生的实际特点，精准选择最为适宜的教学方法与教学手段。例如，教师可灵活运用项目式学习、问题导向学习、合作学习等现代教学方法，着重培养学生的自主学习能力、问题解决能力以及团队协作能力。在课堂教学管理方面，教师应具备卓越的课堂组织与管理能力，能够高效有序地开展课堂教学活动，有效维持课堂秩序，营造积极向上、充满活力的课堂氛围，为学生的学习创造良好的环境条件。

教育科研能力也是教师专业素养的重要组成部分。教师通过积极开展教育科研工作，能够深入探究教育教学过程的内在规律，不断反思与改进教学方法，从而显著提升教学质量。教师应具备科学合理的选题能力，能够敏锐捕捉教育教学实践中的关键问题与研究热点；掌握系统的文献检索方法，能够全面、准确地获取相关研究资料；具备严谨的研究设计能力，能够制定科学可行的研究方案；熟练掌握数据收集与分析方法，能够运用恰当的统计分析工具对研究数据进行处理与解读。同时，教师还应具备较强的论文撰写能力，能够将研究成果以规范、清晰的学术论文形式呈现出来。例如，针对教学实践中存在的具体问题，教师可开展教学改革研究项目，通过实验研究、问卷调查、案例分析等多种研究方法收集数据，运用统计分析软件对数据进行深入分析，全面总结教学改革的经验教训，为教学方法的优化与教学质量的提升提供坚实的实证依据。此外，教师的教育科研成果不仅能够丰富学科知识体系，推动教育教学理论的创新发展，还能够为教育政策的制定与教育实践的改进提供具有重要参考价值的决策依据。

五、员工行为

员工行为文化在高校行为文化建设中同样具有重要意义。

（一）员工行为文化的维度

1.个人维度

从个体层面审视，员工的职业道德构成了其行为文化的根基性要素。员工需秉持爱岗敬业的职业精神，对自身所处的工作岗位要有深沉的责任感与强烈的使命感。在履行工作职责过程中，员工应始终保持高度的专注与认真，坚决杜绝敷衍了事、消极懈怠的工作态度。在高校后勤保障体系中，负责设施设备维护的员工肩负着保障学校教学与生活设施正常运转的重任。高校应建立高效的响应机制，及时对接师生提出的维修需求，运用专业知识与技能，严谨细致地排查设备故障根源，并以高效、优质的维修作业，恢复设备正常运行状态，确保学校各项教学与生活活动不受设施故障的干扰。同时，员工在工作场景中必须严守诚实守信的原则，全面、严格地遵守学校制定的各项规章制度以及工作纪律要求。对于涉及学校机密的信息，无论是教学科研数据、管理决策信息还是学生个人隐私数据等，均应予以妥善保管与严格保密，防止机密信息的泄露，维护学校的信息安全与管理秩序。

服务态度是员工个人行为的重要外在特征。员工在与师生的日常互动交流中，应始终保持热情友好的态度，主动洞察师生在学习、工作与生活中可能面临的困难与需求，积极提供及时、有效的帮助与支持。在为师生提供服务的过程中，对于师生提出的问题，员工需以耐心、细致的态度予以解答，确保师生获得清晰、准确的信息反馈。当遭遇师生的不满情绪表达或投诉意见时，员工应保持冷静、客观的心态，以开放、包容的态度虚心接纳师生的反馈，深入剖析服务过程中存在的问题与不足，并积极采取切实可行的改进措施优化服务流程、提升服务质量，凭借良好的服务态度赢得师生的信任与认可，塑造积极的服务形象。

不同工作岗位的员工因职责差异，须具备与之相适配的专业技能。从事水电设施维护工作的员工，应熟练掌握水电系统的运行原理、故障排查方法以及维修技术，确保能够迅速、准确地应对各类水电设施故障，保障学校水电供应的稳定性与安全性；承担餐饮服务工作的员工，需精通烹饪技艺，熟悉食材特性与烹饪流程，能够运用多样化的烹饪方法为师生提供营养均衡、美味可口的餐饮服务。随着高校教育教学模式的创新发展以及校园信息化、智能化建设进程的加速推进，学校对员工服务技能的要求也在不断提升。员工需树立持续学习、终身学习的理念，积极主动地参与各类专业培训、技能提升课程以及行业交流活动，不断更新知识结构，提升专业技能水平，以更好地适应学校发展变革以及师生日益多样化、个性化的服务需求。在校园信息化建设持续深化的背景下，负责网络管理与维护的员工应密切关注网络技术的前沿发展动态，及时学习并掌握新型网络架构搭建、网络安全防护、数据存储与管理等方面的知识与技能，提升网络系统的日常运维管理能力，保障学校网络环境的稳定、高效运行，为学校的信息化教学、科研以及管理工作提供坚实的网络技术支持。

2. 集体维度

在集体协作层面，员工具备团队协作精神是保障学校各项工作顺利推进的关键因素。高校作为一个复杂的组织系统，其内部各项工作的开展往往涉及多个部门、多种岗位员工的协同配合。员工应树立全局意识与整体观念，充分认识到自身工作在学校整体运行体系中的位置与作用，积极主动地与同事进行沟通交流、协调合作，共同攻克工作过程中遭遇的各类难题。学校举办大型校园活动，如学术研讨会、文化艺术节、运动会等活动时，需要后勤保障部门负责活动场地的布置、物资供应与环境卫生维护工作；安全保卫部门承担活动现场的秩序维护、安全保障任务；宣传部门负责活动的前期宣传推广、现场报道与后期成果展示等工作。各部门员工需依据活动整体方案，明确自身职责分工，加强部门间的信息共享与协同作业，形成工作合力，确保活动能够按照既定计划顺利开展，达成预期目标，展现学校良好的组织协调能力与校园文化风貌。

员工积极参与学校的文化建设活动，对于营造浓郁、积极的校园文化氛围具有重要推动作用。员工可通过参与学校组织的志愿服务活动，如校园环境美化行动、关爱特殊群体帮扶活动等，践行奉献精神，传播友善互助的文化理念；投身于校园文化节活动，如文艺演出、文化展览、学术讲座等，发挥自身特长，丰富校园文化活动形式与内容，增强校园文化的吸引力与感染力。员工在参与这些活动的过程中，以实际行动诠释学校的文化价值观念，促进校园文化在师生群体中的传播与认同，增强学校内部的凝聚力与向心力。此外，员工在与校外人员的交往互动中，代表着学校的形象与风貌。员工应时刻保持良好的精神状态，展现出专业、热情、文明的职业素养，通过积极、正面的言谈举止，向社会各界传递学校的办学理念、文化特色以及管理水平，为学校树立良好的社会声誉与品牌形象，提升学校在社会中的影响力与美誉度。

（二）教职员工文明公约

教职员工文明公约是高校员工行为文化的直观呈现形式。

1.总则

教职员工应以习近平新时代中国特色社会主义思想为行动指南，全面贯彻落实党的教育方针政策，将立德树人作为根本任务贯穿于教育教学与管理服务的全过程，秉持"敬业、爱生、奉献、创新"的职业精神内核，致力于为社会培养德智体美劳全面发展的高素质技术技能人才。全体教职员工需自觉遵循国家法律法规、社会公序良俗以及学校制定的各项规章制度，以高尚的职业道德操守与规范的行为准则，为学生树立道德与行为的标杆典范，积极投身于学校的建设与发展事业，贡献自身的智慧与力量。

2.具体准则

在师德师风建设方面，教职员工必须忠诚于党的教育事业，坚守教育初心，热爱教育工作岗位，秉持严谨治学的态度，严守廉洁奉公的道德底线；尊重学生个体在性格、兴趣、学习能力等方面的差异，给予学生充分的关爱与支持，关注学生的身心健康与全面成长，坚决杜绝任何形式的歧视、体罚或变相体罚学生的行为。严禁教职员工收受学生及家长赠送的礼品礼金，共同维护教师队伍清正廉洁、敬业奉献的良好形象，营造风清气正的教育教学环境。

在教学科研工作方面，教职员工应精心开展备课工作，深入研究教学计划与教学目标，结合学生实际情况设计科学合理的教学方案。在课堂教学过程中，运用多样化的教学方法与手段，激发学生的学习兴趣与主动性，不断优化教学过程，提高教学质量。积极参与教学改革实践活动，勇于探索创新教育教学模式，推动教学方法与课程体系的创新发展。同时，投身于科研活动，严格遵守学术道德规范，坚决抵制抄袭、剽窃等学术不端行为，秉持求真务实、勇于创新的科研精神，为提升学校的教学科研水平积极贡献力量。在课堂教学实践中，注重将职业素养培育与实践能力培养融入专业知识传授过程，深入挖掘专业课程中的思想政治教育元素，实现思想政治教育与专业教学的有机融合，达成课程思政全覆盖的教育目标，培养学生正确的世界观、人生观、价值观，提升学生的综合素质与职业竞争力。

在服务管理工作方面，行政管理人员应强化服务意识，树立以师生为中心的工作理念，不断提升工作效率与服务质量。热情接待师生的来访咨询，耐心倾听师生的诉求与意见，及时、有效地解决师生在学习、工作与生活中反映的各类问题。严格执行学校制定的各项决策部署，加强与其他部门的沟通协调与协作配合，确保学校各项管理工作流程顺畅、高效运转，为学校的稳定发展提供坚实的管理保障。工勤服务人员需坚守工作岗位，秉持高度的责任心，确保服务质量的稳定性与可靠性。及时对学校的各类设施设备进行巡检、维护与维修，保障学校教学设施、生活设施以及公共设施的正常运行，为师生创造安全、舒适、便捷的学习生活环境，以优质的服务助力学校教育教学工作的顺利开展。

在校园文明建设方面，教职员工应严格遵守校园秩序规范，自觉爱护校园环境，积极倡导文明言谈举止。在校园公共区域，坚决杜绝随地吐痰、乱扔垃圾等不文明行为，维护校园环境的整洁与美观。严格遵守校园内的交通规则，做到文明行车、有序停车，保障校园交通安全与秩序。积极参与校园文化建设活动，主动传播正能量，弘扬社会主义核心价值观以及学校的优秀文化传统，共同营造和谐、文明、积极向上的校园文化氛围。此外，教职员工应注重自身形象塑造，保持着装得体、举止文明，展现新时代教职员工应有的精神风貌与职业素养，以良好的个人形象为校园文化建设增添光彩。

教师行为文化和员工行为文化共同构成了高校行为文化的重要内容。教师通过高尚的师德、扎实的专业素养和丰富的人文关怀，为学生的成长成才提供引领；员工通过良好的职业道德、热情的服务态度和专业的服务技能，为学校的正常运转和师生的学习生活提供保障。教职员工文明公约为教师和员工的行为提供了明确的规范和指引。只有全体教职员工共同践行符合高校文化建设要求的行为，才能营造良好的校园文化环境，推动高校实现高质量发展，培养出更多适应社会需求的优秀人才。

六、高校建设行为

在高校行为文化建设的复杂生态体系中，高校建设行为处于关键枢纽位置，其贯穿于高校发展的全生命周期，深刻形塑着校园整体风貌、师生行为规范以及内在价值体系。高校建设行为涵盖学校战略规划、校园环境营造、教学科研设施搭建、文化活动组织等多个领域，各领域相互交织、协同共进，共同构筑起高校行为文化稳固且多元的架构。接下来主要就校园环境营造和教学科研设施搭建两个方面进行论述。

（一）校园环境的营造

校园环境是高校行为文化最为直观的物质载体，其营造过程对师生的学习、工作和生活体验产生着深远影响。在物质环境建设方面，高校高度重视校园建筑风格的整体性与协调性，力求使其与学校的历史文化底蕴和办学理念完美契合。对于历史悠久、文化积淀深厚的高校，校园建筑往往保留古典风格，通过飞檐斗拱、雕梁画栋等传统建筑元素，展现学校深厚的文化传承与历史记忆，如北京大学未名湖周边的建筑群落，承载着百年学术积淀与人文精神，成为校园文化的标志性景观。而以现代科技为特色的高校，建筑多采用富有科技感的材质，如金属、玻璃等，彰显创新进取的时代精神，如深圳大学的校园建筑，充满创新气息，体现了学校对科技前沿的追求与探索。此外，高校持续加大对校园绿化与景观建设的投入，致力于打造优美宜人的校园生态环境。建设主题花园、景观湖、文化长廊等特色景观，为师生提供舒适惬意的休闲与交流空间，使师生在日常学习生活中，潜移默化地接受美的熏陶，提升审美素养与文化品位。

（二）教学科研设施的搭建

教学科研设施是高校开展教学科研活动的物质基础，其建设水平直接关系着学校的教学质量与科技创新能力。在教学设施建设方面，高校不断加大资金投入，致力于打造现代化、智能化的教学场所。建设智慧教室，配备先进的多媒体教学设备、智能交互系统、在线教学平台等，实现教学资源的数字化、信息化与共享化，为教师开展多样化、个性化教学提供强有力的技术支持，有效增强教师的教学效果与学生的学习体验。建设专业实验室，根据不同学科专业的特点与需求，配备先进的实验仪器设备、模拟仿真系统等，为学生提供良好的实践教学环境，培养学生的实践能力、创新精神与科学素养。例如，理工科专业的实验室配备高精度分析仪器、自动化实验设备、虚拟仿真实验平台等，满足学生开展实验研究、工程实践的需求；文科专业的实验室则侧重于建设模拟法庭、新闻采编实验室、经济管理模拟实训平台等，提升学生的专业实践能力与应用技能水平。

在科研设施建设方面，高校积极建设高水平科研平台，提升科研创新能力与核心竞争力。建设国家级、省部级重点实验室、工程研究中心、协同创新中心等，汇聚国内外优秀科研人才，开展前沿科学研究与关键技术攻关。例如，在新能源、新材料、生物医药、人工智能等战略性新兴产业相关领域，部分高校整合多学科资源，建设重点实验室与研发平台，开展产学研协同创新研究，取得了一系列具有国际影响力的科研成果。同时，高校加强科研设备的更新与维护，为科研人员提供先进、高效的科研工具；建立科研设备共享平台，运用信息化手段实现科研设备的统一管理与共享使用，提高科研设备的利用率，促进科研资源的优化配置与高效利用。

第五章

高校文化育人的效果评价与策略

把握教育发展的未来趋势是制定文化育人策略的前提。本章主要对高校文化育人的效果评价与策略进行阐述。

第一节　高校文化育人的效果评价

一、文化育人的维度目标

（一）价值认同维度

高校文化建设成效在价值认同维度上体现得极为显著。高校积极营造一种浓厚且积极向上的文化氛围时，便能潜移默化地引导学生树立正确的价值观。

在日常的校园生活中，高校通过组织主题讲座、志愿服务、文艺会演等多元化活动将社会主义核心价值观潜移默化地融入师生的学习和生活。例如，开展"爱国主题月"活动，组织学生参观爱国主义教育基地，在实地参观中，学生亲眼看见历史文物、聆听英雄事迹，深刻感受到祖国的伟大以及先辈们的奉献精神。举办主题演讲比赛，学生们结合参观经历，畅谈自己对爱国的理解，在准备演讲与比赛过程中，爱国这一价值观念逐渐在学生心中扎根。

高校的校训也是价值认同的重要载体。例如，校训为"诚信、勤奋、创新"的学校，在入学教育详细讲解校训内涵时，老师会通过讲述身边诚信考试的榜样故事，让学生明白诚信的重要性；分享学长学姐们勤奋学习取得优异成绩的经历，激励学生勤奋向上；展示校友们凭借创新精神在各自领域取得成就的案例，启发学生培养创新思维。在日常教学与生活中，高校还会将校训融入各项规章制度里，如对于诚信考试的学生给予表彰，对考试作弊行为严肃处理，以此强化学生对校训所承载价值观的认同。经过长时间的熏陶，学生们在面对选择时，会不自觉地以校训所倡导的价值观为指引，做出符合正确价值取向的决策，实现对学校所传播价值观的深度认同。

（二）品位提升维度

高校文化建设对学生品位提升有着深远影响。丰富多样的校园文化活动为学生提供了接触多元文化艺术的机会，进而提升学生的审美与文化品位。

高校可以定期举办涵盖绘画、书法、雕塑等多种艺术形式的艺术展览。在筹备展览期间，学生参与展品挑选、展览布置等工作，深入了解艺术作品背后的创作背景与艺术技巧。展览开展后，邀请专业老师进行导览和讲解，从色彩运用、构图技巧到作品传达的情感意境，全方位解读艺术作品。学生在欣赏与学习过程中，逐渐培养起对艺术的敏锐感知，能够辨别作品的优劣，审美水平得到显著提升。

同时，高校应大力推广经典文化阅读活动。建设专门的校园图书馆，藏书丰富且涵盖古今中外各类经典著作。图书馆也可以定期举办读书分享会，学生们围坐在一起，分享自己阅读经典的感悟与体会。在交流过程中，学生们不仅拓宽了知识面，还从经典作品中汲取智慧与精神养分，提升了文化素养。例如，阅读《论语》，学生们可从中学习到为人处世的道理与儒家思想的精髓；阅读西方经典文学作品，学生们可从中了解不同文化背景下的人性与社会百态。随着阅读量的增加，学生的谈吐举止更加文雅，思考问题的角度更加多元，文化品位在不知不觉中得到提升。

（三）行为改变维度

高校文化建设能够切实促使学生行为发生积极改变。良好的校园文化环境如同一个无形的行为准则约束场，引导学生养成文明、自律的行为习惯。

高校通过完善的校园规章制度来规范学生行为。从课堂纪律、校园卫生到宿舍管理，学校都有明确规定。在新生入学时，学校应开展校规校纪学习活动，让学生清楚知晓各项规定。在日常管理中，严格执行规章制度，对于遵守规定的学生给予表扬与奖励，对于违反规定的学生进行批评教育与相应处罚。例如，在校园卫生管理方面，设立"卫生监督岗"，由学生轮流执勤，监督校园环境卫生。对于主动捡拾垃圾、维护校园环境整洁的学生，学校应进行公开表扬；对于乱扔垃圾的学生，学校应进行批评并安排其参与校园卫生清理工作。一段时间后，学生将逐渐养成主动维护校园环境卫生的习惯，校园环境得到显著改善。

此外，高校开展的志愿服务活动也对学生的行为产生积极影响。高校可以组织学生参与社区关爱老人活动，定期前往社区养老院，为老人打扫房间、陪老人聊天、表演节目。在这个过程中，学生将学会关心他人、尊重长辈，将关爱他人的行为从校园延伸到社会。高校还可以组织学生参与环保公益活动，如植树造林、垃圾分类宣传等。在这个过程中，学生不仅增强了环保意识，还可以将环保行动落实到日常生活中，如自觉进行垃圾分类、节约用水用电等，实现从思想意识到实际行为的全面转变。

（四）人格形成维度

高校文化建设在人格形成维度上发挥着关键作用，是塑造健全人格的重要保障。通过建设全方位的文化育人环境，高校可以促进学生在情感、意志、性格等方面的全面发展。

高校的心理健康教育文化在学生的人格形成过程中不可或缺。高校应设立专业的心理咨询室，配备专业的心理咨询教师，为学生提供心理健康咨询服务。同时，开设心理健康教育课程，普及心理健康知识，教导学生如何应对压力、调节情绪。例如，高校可以在课程中开展情绪管理小组活动，引导学生分享自己在学习生活中遇到的情绪问题，共同探讨解决方法。通过学习与实践，学生逐渐掌握情绪调节技巧，能够更好地应对挫折与困难，养成坚韧不拔的意志品质。

高校文化中的团队合作文化对学生性格的塑造有着积极影响。高校可以组织各类团队竞赛活动，如篮球赛、辩论赛、科技创新团队项目等。在团队活动中，学生需要明确分工、相互协作，共同为实现团队目标而努力。在篮球比赛中，后卫负责组织进攻、前锋负责得分、中锋负责防守篮板，每个队员都要发挥自己的优势，同时配合队友。在这个过程中，学生学会倾听他人意见、尊重团队成员差异，培养合作意识与团队精神，性格也变得更加开朗、乐观。此外，高校的榜样文化也激励着学生不断完善自我人格。高校可以树立校内优秀学生榜样，宣传他们在学习、品德、社会实践等方面的突出表现，引导其他学生以榜样为目标，努力提升自己，在追求优秀的过程中，逐渐塑造出积极向上、自信自强的健全人格。

二、高校文化育人的评价方法

在高等教育体系中，高校文化育人成效的精准评价是推动教育质量提升、育人环境优化的关键环节。科学合理的评价方法能够全面、客观地反映高校文化育人工作的实际效果，为后续的改进与创新提供坚实依据。高校文化育人的评价涵盖多元主体、多维度指标以及多样化的评价方式，以下将进行详细阐述。

（一）构建多元化评价主体

1. 学生自评

学生作为文化育人的直接对象，其自我认知与评价至关重要。学生自评可通过定期填写自我评估问卷实现，问卷内容涉及自身在知识、技能、情感、态度与价值观等方面的成长变化。

（1）在知识层面，学生反思通过参与校园文化活动、课堂学习等，自身对专业知识以及跨学科知识的掌握程度是否有所提升。

（2）技能层面，考量自身在团队协作、沟通表达、创新实践等方面是否有进步。

（3）情感、态度与价值观层面，评估自身在道德观念、社会责任感、文化认同感等方面的发展成效。

例如，学生可依据参与社团组织活动中承担的角色与发挥的作用，评估自己的团队协作能力是否成长；根据参与校园文化讲座对不同文化观念的接纳与思考，衡量自身的文化包容意识是否增强。

学生自评有助于培养学生的自我反思能力，促使其主动关注自身成长，同时能为高校提供来自学生视角的一手反馈信息。

2. 教师评价

教师在教学与指导学生的过程中，对学生受文化育人影响的表现进行了直接观察。教师评价可采用过程性评价与终结性评价相结合的方式来展开。

（1）过程性评价。教师通过记录学生在课堂讨论、小组活动、校园文化实践等日常学习生活中的表现，包括学生的学习态度、思维活跃度、团队合作精神等进行评价。

（2）终结性评价。教师在学期末或课程结束时，依据学生的学业成绩、作品成果、实践表现等进行综合评定。

在指导学生参与科研项目时，教师通过观察学生在项目选题、研究方法运用、成果总结等环节的能力展现，以及面对困难时的坚持与创新精神，来评价文化育人对学生学术研究素养方面的影响。

教师评价能够从专业教育者的角度，深入分析学生在知识学习、能力培养以及价值观塑造等方面的发展状况，为高校文化育人成效提供专业判断。

3. 学校管理部门评价

学校管理部门从宏观层面把控高校文化育人工作。管理部门可通过收集各学院、各部门的文化育人工作汇报，分析资源投入与配置情况，如对校园文化活动的资金支持、文化设施建设投入等；评估制度建设与执行效果，包括文化育人相关政策的制定、激励机制的有效性等；考察校园文化活动的组织与开展规模，如活动参与人数、活动覆盖学科范围等，并评估校园文化活动开展的效果。

例如，学校教务处可通过分析各专业课程体系中文化育人元素的融入情况，评估教学计划在文化育人方面的落实程度；学生工作处可根据学生社团活动的组织质量、社团发展规模等，评估校园文化活动对学生综合素质提升的推动作用。

学校管理部门评价有助于从学校整体运营角度，审视文化育人工作的系统性与协同性。

4. 社会评价

高校培养的学生最终将走向社会，社会评价能够检验高校文化育人的实际成效。社会评价可通过用人单位反馈、校友调查等方式获取。

用人单位可对毕业生在职业道德、专业素养、团队协作、创新能力等方面的表现进行评价。例如，企业可反馈毕业生在工作岗位上的责任心、学习新知识的能力以及对企业文化的适应与融入情况等。

校友调查则关注校友在毕业后的职业发展、社会贡献以及对母校文化育人的感悟与评价等。校友可分享在工作与生活中母校的文化氛围、价值观教育等对自身的深远影响。

社会评价能够为高校提供校外视角，促使高校调整文化育人策略，更好地满足社会需求。

（二）确定科学评价指标

1. 知识素养指标

高校文化育人旨在丰富学生知识储备，拓宽知识视野。知识素养评价指标主要有：①学生对专业核心知识的掌握程度，可通过专业课程考试成绩、毕业论文质量等衡量；②学生跨学科知识的涉猎广度，例如学生参与跨学科讲座、选修跨学科课程的情况；③学生文化知识的积累，如学生对文学、历史、哲学、艺术等人文社科知识的了解程度，可通过相关文化知识竞赛成绩、读书报告质量等进行评估。若学生在专业课程考试中平均分较高，且在全国性的人文知识竞赛中屡获佳绩，这在一定程度上反映该校在知识素养培育方面取得了良好成效。

2. 能力培养指标

能力培养是文化育人的重要目标。能力培养评价指标主要有：①创新能力，如学生参与科研项目、创新创业竞赛的成果数量与质量，专利申请、论文发表情况等；②实践能力，可通过实习表现、实践课程成绩、参与社会实践活动的效果来评估；③沟通协作能力，可通过团队项目完成情况、社团活动组织能力、课堂小组讨论表现等进行评价。若学生在全国大学生竞赛中获奖，且在企业实习中表现出色，受到用人单位好评，则能体现该校在学生能力培养方面取得了良好的文化育人成效。

3. 情感、态度与价值观指标

这是高校文化育人的核心维度。情感、态度与价值观评价指标主要有：①学生的道德观念，如在校园生活中遵守道德规范、参与志愿服务活动的积极性；②社会责任感，可通过学生参与社会公益活动、关注社会热点问题并积极参与讨论和实践的情况来衡量；③文化认同感，如对本土文化、校园文化的理解与传承，对多元文化的尊重与包容，可通过学生参与文化传承活动、国际交流项目的表现等进行评价。若学生积极参与社区义工活动，在校园文化传承活动中表现踊跃，且在国际交流项目中展现出良好的文化交流能力，则表明该校在情感、态度价值观培养方面的文化育人成效显著。

4. 校园文化氛围指标

良好的校园文化氛围是文化育人的重要支撑。校园文化氛围评价指标主要有：①校园文化活动的丰富程度，如每年举办的学术讲座、文艺演出、体育赛事等活动的数量；②文化设施的完善程度，如图书馆藏书量、文化场馆建设与开放情况；③师生对校园文化的参与度与满意度，可通过问卷调查、座谈会等方式收集数据。若高校图书馆拥有丰富的藏书，每年举办大量高质量的学术文化活动，师生参与积极性高，满意度调查结果良好，则说明该校校园文化氛围浓厚，有利于文化育人工作开展。

（三）形成多样化评价方式

1. 定量评价

定量评价强调运用数据统计分析方法进行评价，如通过考试成绩、竞赛获奖数量、参与活动人数等量化数据，直观反映学生在知识掌握、能力提升以及校园文化参与等方面的情况。在分析学生学业成绩时，可采用平均分、优秀率、及格率等统计指标，来评估学生在专业知识学习上的总体水平；统计学生参与科研项目的立项数、发表论文数、获得专利数等，来衡量学生创新能力发展水平。定量评价具有客观性、准确性的优势，能够为高校文化育人成效提供清晰的数据支撑。

2. 定性评价

定性评价侧重于对学生表现、校园文化现象等进行质性分析，如教师对学生在课堂表现、实践活动中的观察评价，通过撰写评语、案例分析等方式，描述学生在能力、情感、态度与价值观等方面的发展情况。在评价校园文化活动效果时，可采用专家评审、活动反馈报告等形式，从活动内容、组织形式、教育意义等方面进行定性评价。定性评价能够深入挖掘文化育人过程中的隐性成效，弥补定量评价的不足。

3. 动态跟踪评价

动态跟踪评价强调对学生从入学到毕业的全过程进行持续跟踪评价。通过建立学生成长档案，记录学生在不同阶段的学习成绩、参与活动情况、获奖经历、思想动态等信息，分析学生的成长轨迹与发展趋势。例如，观察学生在不同学段参与社团活动，从最初的适应到逐渐担任领导角色，其组织协调能力、团队合作能力的提升过程。动态跟踪评价有助于高校了解文化育人工作在不同阶段的效果，并据此适时调整育人策略。

4. 对比评价

对比评价强调通过与其他高校或本校历史数据进行对比，评估文化育人成效。对比评价主要有两种方式：①与同类型、同层次高校对比，分析本校在文化育人各方面的优势与差距，如对比不同高校学生在全国性学科竞赛中的获奖率、毕业生就业质量等；②与本校历史数据对比，观察文化育人工作在学校不同时期的发展变化，如对比学校近五年校园文化活动参与人数的变化趋势、学生综合素质测评结果的提升情况等。对比评价能够为高校提供参照系，明确自身在文化育人工作中的定位与发展方向。

综合运用多元评价主体、多维度评价指标以及多样化评价方式，能够构建全面、系统、科学的高校文化育人评价体系，精准评估高校文化育人成效，为高校持续改进与优化文化育人工作提供有力保障，推动高校文化育人工作不断迈上新台阶。

评价文化育人是否有效，最终还是要看师生员工的精神状态，理想的追求目标是培育学校各级人员共同学习与成长的生存文化：教师生存文化——规范与创造；学生生存文化——愉快而刻苦；员工生存文化——在被尊重的环境中，辛苦但快乐；管理者生存文化——为师生员工出彩真诚鼓掌。

第二节　高校文化育人的策略

一、高校文化育人策略制定的原则

（一）立足国际视野，实现多元融合

在全球化进程日益加速的当下，立足国际视野、实现多元融合成为我国高等教育领域乃至社会发展的关键诉求。此过程涵盖合理取舍、系统综合与有效转化三个紧密相连的重要环节。

1. 合理取舍

合理取舍要求在面对多元文化、教育理念及技术资源等要素时，秉持批判性思维与科学分析态度。不同国家与地区拥有不同的文化传统与教育体系，其中既有精华，也存在与本土实际情况不符的部分，要秉持批评性思维合理取舍。

（1）教育理念取舍。西方一些国家强调个性化教育，注重培养学生的自主探究能力与创新思维能力。这一理念中的积极部分，如鼓励学生质疑权威、大胆表达观点，值得我国教育界借鉴。然而，其过于强调个体自由发展，可能导致学生集体意识淡薄，这一点需谨慎对待。

（2）文化取舍。国际上文化资源琳琅满目，高校在引入时，应挑选那些契合社会主义核心价值观、有助于提升国民文化素养的内容。例如，经典的西方文学名著，其蕴含着对人性的深刻洞察、对社会现象的批判性思考等元素，可为我国文化发展注入新活力，而一些宣扬极端个人主义、暴力等不良思想的文化产品则应坚决摒弃。高校通过合理取舍，确保引入的元素既能丰富自身内涵，又不会对本土优秀传统与价值体系造成冲击。

2. 系统综合

系统综合是将合理取舍后的多种元素进行有机整合，从而构建一个协调

统一的体系。

（1）教育方式综合。整合不同国家先进的课程体系、教学方法与评价模式。比如，部分发达国家在实践教学环节，注重企业深度参与，鼓励学生在真实工作场景中学习专业技能，积累实践经验。我国高校在借鉴时，可将其与国内已有的理论教学优势相结合，重新设计课程框架，使理论教学为实践提供知识支撑，实践教学反过来加深学生对理论知识的理解。

（2）文化融合。将本土文化与外来文化的优秀元素进行系统综合。例如，在建筑设计领域，我国传统建筑注重与自然和谐共生，空间布局讲究对称美；西方现代建筑则强调功能性与创新性。在城市建筑规划中，我国相关人员可以将两者结合，在建筑外观设计上融入传统建筑元素，展现文化底蕴，在内部空间布局与功能设置上采用现代设计理念，满足当代生活需求，打造具有独特魅力与实用价值的建筑作品。高校通过系统综合，发挥多种元素的协同效应，形成更具竞争力与适应性的新体系。

3.有效转化

有效转化旨在将系统综合后的多元融合成果转化为实际行动与发展动力。

（1）教育实践转化。在教育中，要将融合后的教育理念与教学模式切实应用到教学实践中，转化为促进学生知识与技能提升、综合素质增强的有效动力。学校需加强教师培训，使其熟练掌握新的教学方法与课程体系，确保教学质量。同时，高校通过开展国际交流项目、制订联合培养计划等，让学生在实际学习与生活中体验多元融合成果，培养其国际视野与跨文化交流能力。

（2）文化产品转化。在文化产业方面，我国可以将融合后的文化元素转化为具有市场竞争力的文化产品。例如，以我国传统文化故事为蓝本，运用国际先进的动画制作技术，打造出兼具中国文化特色与国际流行风格的动画作品，推向全球市场，实现文化价值向经济价值的转化。通过有效转化，让多元融合成果在各个领域落地生根，推动社会全方位发展，在国际舞台上展现独特魅力与实力。

（二）培育校本特色，塑造文化个性

培育校本特色、塑造文化个性是高校在文化建设中彰显独特魅力与价值的核心路径。每所高校都有其独特的历史沿革、学科优势与地域文化背景，这些元素构成了高校培育校本特色的基石。

1. 历史沿革

从历史传承维度来看，高校应深入挖掘自身发展历程中的关键事件、杰出人物以及重要转折点所蕴含的精神内涵。例如，具有百年历史的师范院校，可以追溯其创立之初为培养优秀师资、传播先进教育理念所做出的努力，将先辈们严谨治学、敬业奉献的精神融入校园文化基因。高校通过建设校史博物馆、编写校史教材、举办校史文化节等方式，生动展现学校发展脉络，使师生在了解校史过程中，增强对学校的认同感与归属感，传承并发扬学校独有的精神特质。

2. 学科优势

学科优势是塑造文化个性的关键要素。以理工科院校为例，其可以凭借在工程技术、科学研究等领域的深厚积淀，营造浓厚的科技创新文化氛围。例如，建设科技创新实验室，鼓励学生参与科研项目，举办科技竞赛、学术讲座等活动，邀请学科领域专家分享前沿研究成果。在这个过程中，学校不仅能培养学生严谨的科学态度、创新思维与实践能力，还可以形成以科技创新为核心的学校文化特色。文科院校则可依托文学、历史、哲学等学科优势，打造人文艺术文化品牌，例如，开展文学创作大赛、历史文化研讨会、艺术展览等活动，提升师生人文素养，塑造富有诗意与文化底蕴的校园文化个性。

3. 地域文化背景

地处少数民族聚居地区的高校，可将当地少数民族文化元素融入校园文化建设。在校园建筑风格上，借鉴少数民族传统建筑特色；在课程设置中，开设民族文化研究、民族艺术传承等相关课程；在校园活动中，举办民族文

化节，展示少数民族歌舞、服饰、手工艺等。通过这些举措，高校既传承与保护了地域民族文化，又使学校文化具有鲜明的地域特色与民族风情。

（三）洞察发展趋势，推动校园开放民主

在全球化与信息化时代，洞察发展趋势、推动校园开放民主是高校适应时代需求、实现可持续发展的必然选择。

1. 开展国际交流与合作

与国外高校建立友好合作关系，开展交换生、教师互访、联合科研等活动。通过这些合作，学生可以有机会走出国门，体验不同国家的教育模式与文化氛围，拓宽国际视野。教师在与国外同行的交流合作中，可以了解国际前沿教育理念与研究动态，提升教学科研水平。例如，一些高校与国外知名高校联合举办国际学术会议，邀请国内外专家学者共同探讨学科发展前沿问题，促进学术思想的碰撞与交流，推动学校教育国际化进程。

2. 建设智慧校园

高校加大信息化基础设施建设投入，构建智慧校园。学校可以利用大数据、人工智能等技术，优化教学管理流程，实现教学资源的精准推送与个性化学习支持。例如，通过学习管理系统，教师可实时掌握学生学习进度与学习效果，为学生提供针对性辅导；学生可根据自身需求，在线获取丰富的课程资源、学术资料。同时，借助信息化平台，高校可打破校园围墙，实现与社会的广泛互动，开展在线公开课，向社会公众传播知识；建立产学研合作平台，促进高校科研成果与企业需求对接，推动科技成果转化。

3. 建设开放民主校园

在管理层面，高校可以建立健全民主决策机制，鼓励师生参与学校重大事项决策。通过教职工代表大会、学生代表大会等途径，广泛听取师生意见与建议，保障师生的知情权、参与权与监督权。在学术研究领域，营造开放包容的学术氛围，鼓励不同学术观点的交流与争鸣。支持教师开展跨学科研究，组建学术创新团队，促进学术创新与发展。在校园文化活动方面，鼓励

学生社团自主策划、组织各类活动，充分发挥学生的主观能动性与创造力，打造丰富多彩、充满活力的校园文化生态。

二、高校文化育人的具体策略

（一）强化常规德育活动，筑牢校园文化根基

1. 推进校风与学风建设

优良的校风与浓厚的学风是高校文化的集中外在体现，也是保障学生顺利实现成长、成才目标的核心要素。高校需明确校风、学风建设的长远目标与具体实施要求，通过制定一系列完善的规章制度与行为规范，引导学生树立正确的学习观念与价值取向。以考勤制度为例，制定严格规范的上课出勤管理办法，通过对学生出勤情况的有效管理，培养学生的时间观念与纪律意识，为良好学风的形成奠定基础。

作为校风、学风建设的关键推动力量，教师自身的综合素养与教学水平至关重要。高校应大力加强教师队伍建设，要求教师具备高尚的道德情操与严谨的治学态度，在教学工作中认真负责、兢兢业业。在教学过程中，高校应鼓励教师积极创新教学方法，通过引入多样化的教学手段与教学资源，激发学生的学习兴趣，提升课堂教学的质量与效果。同时，教师应加强对学生学习过程的个性化指导，帮助学生制订符合自身实际情况的学习计划，引导学生逐步培养自主学习能力，养成良好的学习习惯。

为营造积极向上的校风、学风，高校可充分利用校园广播、宣传栏等多种宣传渠道，广泛宣传优秀学生的先进事迹、高效的学习方法以及成功的学习经验，以此激发其他学生的学习动力与进取精神。此外，高校可定期组织开展学风建设主题班会、学习经验交流分享会等活动，为学生搭建相互学习、相互交流的平台，促进学生在交流互动中共同进步、共同成长。

2. 丰富思想道德建设活动形式

在校园内广泛开展形式多样、内容丰富的思想道德建设活动，对于提升

学生的思想道德修养具有不可替代的重要作用。高校应定期策划组织各类有助于弘扬良好校风的主题活动。

制作班级黑板报是一种行之有效的宣传教育方式。高校可结合不同时期的教育重点，规定黑板报的主题，如爱国主义教育、文明礼仪教育等，引导学生在收集资料、设计排版的过程中，深入探究主题内涵，深化对相关思想道德观念的理解与认识。

评选"三好学生"、优秀班集体等活动，能够有效激发学生的竞争意识与集体荣誉感。高校应制定明确、细致且公正合理的评选标准，确保评选过程公开透明、公平公正。对于评选出的"三好学生"与优秀班集体，高校可通过校园广播、校报、校刊等多种渠道进行宣传与表彰，充分发挥榜样的示范引领作用，激励更多学生积极向上、追求卓越。

规范、庄重的学校升旗仪式同样是加强思想道德教育的重要举措。在升旗过程中，高校可通过精心设计的国旗下演讲等环节，向学生深入开展爱国主义、集体主义等主题教育。在重要纪念日，如国庆节、"五四"青年节等，高校应组织开展形式多样的庆祝活动，如举办主题演讲比赛、文艺会演等，让学生在参与活动的过程中，深切感受祖国的伟大与民族的自豪，进一步增强对祖国的热爱之情，培养学生强烈的民族责任感与使命感。

通过参与这些思想道德建设活动，学生能够在潜移默化中塑造优良的思想道德品质，深刻领悟祖国的伟大与民族的自豪，从而更加坚定地热爱祖国。同时，在参与活动过程中，学生能够逐步养成尊师重道、勤奋好学、团结友爱、热爱运动等良好行为习惯，努力成长为符合新时代要求的优秀青年，为社会主义事业的发展贡献自身力量。

（二）打造特色主题网站，拓展校园文化传播阵地

1.合理规划网站功能与内容

构建集知识性、教育性、艺术性与服务性于一体的特色主题网站，需要对网站的功能架构与内容体系进行精心设计。

网站应设置多个特色鲜明的专栏，其中"学校每日一闻"专栏致力于及时、准确地发布学校的最新动态，包括教学科研领域取得的重要成果、校园内各类活动的实时资讯等，使学生、家长以及社会各界能够第一时间全面了解学校的发展状况。

"学校历史前沿"专栏主要聚焦于介绍学校的发展历程、独特的办学理念以及杰出校友的成功事迹等内容，通过对学校历史文化的深入挖掘与宣传，增强师生对学校的归属感与荣誉感。

"美丽校园风景"专栏则通过展示校园内的自然风光、特色建筑风貌等，全方位展现学校的优美环境与独特魅力，提升学校在社会公众心目中的整体形象。

2. 不断提升网站影响力

为有效扩大学校在网络空间的影响力，首先，要确保网站内容紧跟时代发展步伐，高度关注社会热点问题，并将现代教育理念深度融入其中。例如，在网站教育内容的策划与编写过程中，高校应充分体现创新思维培养、实践能力提升、团队合作精神塑造等现代人才必备的核心素养要求。其次，要注重宣传教育的策略与方法。高校可通过巧妙的页面设计与内容布局，将教育信息自然融入网站的各个板块与功能模块之中，使用户在浏览网站信息的过程中，能够在不知不觉中熏陶。

提升学校网站的吸引力是实现教育影响力扩大的关键。网站的教育内容应紧密贴合学生的兴趣爱好与实际生活需求。高校可通过线上问卷调查、数据分析等途径，深入了解学生的兴趣偏好与需求特点，并据此设置相应的内容板块。例如，针对那些对科技前沿领域充满兴趣的学生，高校可专门开设"科技前沿资讯"板块；针对关注文化艺术领域的学生，可设置"文化艺术赏析"板块等，以满足不同学生群体的个性化需求。

网站内容同样要充分考虑家长的实际关切，为家长提供全面、实用的服务。同时，网站资源应丰富多样，既要有优秀学生的学习经验分享、成功案例剖析等正面教育信息，也要有对不良行为及其后果的客观分析等反面教育素材，以此培养学生的批判性思维能力，引导学生树立正确的价值观。

3. 增强网站的互动性与吸引力

增强网站的互动性与吸引力，是增强网站用户黏性的重要途径。网站可每周设定一个具有争议性的社会话题，引发学生的深入思考与广泛讨论。学生可以在网站平台上自由发表自己的观点，高校相关部门应及时跟进并给出官方回应与专业解读。这种方式不仅能够有效激发学生的思维活力，还能显著加强学生与学校之间的互动交流，促进良好学校文化氛围的向上延伸。

在网站页面设计方面，高校应遵循简洁美观、色彩协调的原则，充分考虑学生的审美需求与视觉体验。同时，积极运用多媒体资源，如高清图片、生动视频、优质音频等，丰富网站的内容表现形式。例如，制作精美的视频介绍学校的特色专业设置、先进的教学设施设备等，让用户能够更加直观、全面地了解学校的优势与特色。网站还可设置互动游戏、在线知识竞赛等趣味性活动模块，吸引学生的注意力，增强学生参与的积极性，进一步提升网站的吸引力与影响力。

（三）组织应用能力文化活动，提升学生实践素养

1. 开展职业论坛与文化讲堂活动

高校定期组织开展职业论坛或文化讲堂活动，能够为学生搭建起与行业专家、知名人士直接交流互动的宝贵平台。高校可通过特聘或邀请等方式，吸引技工教育领域的资深专家、与学校专业设置相关的行业知名人士、知名企业的高层领导以及具有一定社会影响力的杰出校友等作为嘉宾，举办专题报告会或讲座。这些嘉宾凭借自身丰富的实践经验与深厚的专业知识积累，能够为学生带来行业最新的发展动态以及具体的职业要求等信息。

在报告会与讲座中，嘉宾可结合自身的职业成长经历与成功经验，分享宝贵的职业心得与人生感悟，激励学生树立正确的职业观与价值观。例如，杰出校友可以详细讲述自己从一名普通大学生逐步成长为行业精英的奋斗历

程，让学生深刻认识到努力拼搏与坚持奋斗的重要意义。高校在活动筹备阶段，需提前做好全面、细致的策划与组织工作，包括精准确定报告主题、积极邀请合适的嘉宾、广泛开展活动宣传与推广等关键环节。同时，要为学生创造与嘉宾互动交流的机会，鼓励学生提出自己在学业规划、职业发展等方面的疑问，及时获得嘉宾的专业指导。

2. 建设素质教育培养基地

鉴于学生就业的复杂性，高校可将相关行业和地区的历史文化遗迹、纪念馆、企业文化示范单位等资源整合起来，打造成为素质教育培养基地。通过有计划、有组织地安排学生参观这些基地，让学生深入了解行业与地区的历史文化底蕴，增强学生对未来就业行业的认同感与自豪感。

高校应与素质教育培养基地建立长期稳定的合作关系，共同制订详尽、科学的参观学习计划。在参观过程中，双方应安排专业的讲解员为学生进行深入细致的讲解，介绍相关的历史文化知识、行业发展背景以及企业运营管理经验等，帮助学生更好地理解与吸收所参观的内容。

同时，高校可结合教学计划，组织学生在基地内开展实践活动，如在企业文化示范单位进行实习实训、开展行业调研等，使学生能够将课堂所学的理论知识与实际工作场景紧密结合，有效提升学生的实践操作能力与职业素养。

3. 推动高技能文化社团与活动发展

高校可积极引导学生成立旨在培养创新能力的社团组织并举办高技能文化节。"高技能文化节"作为学生展示应用能力的核心平台，不仅是学生展现自身在专业技能、文化艺术等领域的才华与成果的重要舞台，也是搭建校企合作桥梁、检验学校人才培养质量的关键载体。在"高技能文化节"活动期间，学生能够充分展示自己在专业技能竞赛、文化艺术创作表演等方面的能力。

企业可通过项目冠名、参与活动方案拟订、提供活动资金支持、举办专题讲座以及现场技术指导等多种形式深度参与其中。这种校企合作的模式，一方面能够使企业更加直观、全面地了解学校的教学成果与学生的实际能力水平，为企业选拔优秀人才提供参考依据；另一方面为学生创造了了解企业实际需求和行业发展趋势的宝贵机会，可以有效提升学生的就业竞争力与职业适应能力。

高校应加大对社团组织与"高技能文化节"活动的组织管理力度，制定完善的活动策划方案与组织实施细则，确保活动能够顺利、高效开展。同时，高校应积极引导广大学生踊跃参与活动，激发学生的创新热情与实践潜能，努力营造"竞技、精技、乐技"的浓厚高技能文化氛围。

高校文化建设可以从强化常规德育活动、打造特色主题网站，组织应用能力文化活动等多个维度进行。这些方法从不同层面为高校文化建设提供了切实可行的实施路径。高校通过系统、全面地实施这些策略，能够营造出积极向上、富有活力的学校文化氛围，有效提升学生的思想道德水平、应用实践能力以及综合职业素养，为学生的未来职业发展与个人成长奠定坚实基础。同时，也有助于推动高等教育事业持续、健康发展，培养更多适应社会经济发展需求的高素质人才，为社会的进步与发展贡献高校的智慧与力量。

第一节　新时期高校文化建设的基本着力点

一、文化价值观引领

第六章

新时期高校文化育人创新研究

高等教育学校所形成和发展的文化理念，是所有文化内容最核心的成分。本章围绕新时期高校文化育人创新研究，论述新时期高校文化建设的基本着力点，对高校文化育人的主要效应、载体建设及其价值进行探讨。

第一节 新时期高校文化建设的基本着力点

一、文化价值观建设

文化价值观，作为对文化的认知与观念架构，在高等教育范畴内占据着举足轻重的地位。高校承担着深度解析文化内涵、精准把控文化脉络的重任。通过确立科学合理的文化理念，高校为文化在教育体系中找准定位，这不但能够有力推动学术探索向纵深发展，还能为社会培育出具备深厚文化底蕴的杰出人才。

高校的发展深深扎根于历史文化的长河之中。在当今时代，高校在文化领域的前行步伐显著领先于众多行业，已然成为文化传承与创新的关键阵地。一所高校综合竞争力的高低，很大程度上取决于其文化观念的传播广度与影响深度。回顾高校的发展轨迹，其孕育的文化对师生起着重要的引导与培育作用。先进的文化理念能够紧密联结师生情感，营造出和谐融洽、积极向上的校园氛围，成为高校持续进步的强劲助推力。

高校的核心使命是为社会培育并输送大量高素质人才，而文化理念在这一过程中扮演着决定性角色。然而，当下部分高校尚未充分重视文化事业，未将其纳入重点工作规划。文化活动缺乏清晰目标，特色文化建设滞后，致使高校在文化层面难以对社会乃至国家的发展发挥实质性的推动作用。

鉴于此，高校必须坚定地以社会主义核心价值观为指引，积极开展各类文化活动。从全球视角审视，经济危机引发了人们深刻的反思，也促使各界对不同国家间文化交流问题展开深入研讨。当前，国家间综合国力的竞争已逐渐聚焦于文化软实力的比拼。一个国家繁荣兴盛的关键动力，在于拥有契合自身国情、具有前瞻性的文化思想与意识。

社会主义核心价值观作为国家文化建设的根基，为社会主义文化活动提供了根本遵循。在现实中，多数高校在发展过程中，其文化管理模式与文化理念仍存在诸多亟待完善之处。借助文化活动提升师生文化素养，明确长远的文化发展目标，构建独具特色的文化管理机制，理应成为高校文化建设的核心任务。

在高等教育办学实践中，践行社会主义文化思想应以习近平新时代中国特色社会主义思想为指导。高校通过社会主义文化思想的广泛传播，凝聚师生力量，激发师生的爱国热情，并将这些思想转化为实际行动。将高校的服务宗旨、未来发展方向与社会主义文化思想深度融合，营造师生高度认同的文化理念，塑造高校的核心文化价值观，打造令师生向往的优质教学环境。

二、文化管理体制建设

高校作为文化传承与创新的重要阵地，正处于转型发展的关键时期。然而，部分高校的文化管理制度尚不完善，难以满足新时代文化发展的高标准要求，致使高校文化理念与实际发展需求产生脱节。其具体体现在对文化管理体制建设的认知偏差以及管理理念滞后于时代发展这两个方面。

（一）对文化管理体制建设的认知存在偏差

在高校中，部分管理者对文化管理体制建设的认知存在局限性，其主要体现在两个方面。

（1）将文化管理简单等同于行政事务管理，过度强调行政命令的执行，忽视文化自身的发展规律和特点。部分高校在制定文化政策和开展文化活动时，往往以行政指令为主导，缺乏对文化内涵和价值的深入挖掘与思考。例如，在学校文化活动的组织上，高校仅仅追求活动的形式和规模，而不注重活动所传递的文化精神和育人效果，使得文化活动流于形式，无法真正发挥文化育人的功能。

（2）对文化管理体制的系统性认识不足。文化管理体制应涵盖文化建设的规划、组织、实施、监督和评估等多个环节，是一个有机的整体。部分高校在实际操作中，往往只关注其中的某几个环节，缺乏整体规划和协调。比如，在文化设施建设方面，盲目追求硬件设施的更新和完善，而忽视了与之配套的文化活动组织和管理，导致文化设施闲置或使用效率低下，无法形成有效的文化氛围。

（二）管理理念滞后于时代发展步伐

随着时代的发展，社会文化环境发生了深刻变化，高校的文化管理理念也应与时俱进。然而，当前部分高校的管理理念仍较为陈旧，难以适应新时代的需求。在信息化时代，互联网和新媒体技术的发展为高校文化传播和交流带来了新的机遇，但一些高校未能充分认识到这一点，仍然依赖传统的文化传播方式，如校报、广播等，忽视了新媒体平台的建设和利用。这使得高校文化在传播范围和影响力上受到限制，无法及时、有效地传递到广大师生群体中。此外，在多元文化背景下，高校面临着各种文化思潮的冲击。部分高校在文化管理中缺乏包容和开放的理念，对一些新兴文化和外来文化采取抵制或忽视的态度，而非积极引导和融合。这种管理理念不仅不利于高校文化的创新和发展，还会影响学生的文化视野和思维方式的拓展。同时，在人才培养方面，一些高校的文化管理理念仍然侧重于知识传授，而忽视了学生的文化素质和综合能力的培养，无法满足新时代对高素质人才的需求。

高等院校在转型发展过程中，必须正视文化管理制度存在的问题，纠正认知偏差，更新管理理念，以构建适应新时代文化发展要求的文化管理体制，实现高校文化理念与实际发展需求的有机结合。

三、文化载体建设

（一）构建高校价值体系

传播媒介在高校价值体系构建中发挥着基石作用。高校的价值体系涵盖校训精神、办学理念、人才培养目标等核心内容。通过校报、校园广播等传统媒介，深入解读校训背后的历史渊源与文化内涵，将其以生动故事、专题报道等形式呈现给师生。例如，校报设置"校训传承"专栏，邀请校友讲述在校期间践行校训的难忘经历，让校训精神在师生心中具象化。同时，借助校园官网、社交媒体平台等新媒体，广泛传播学校的办学理念与人才培养目标。在学校官网首页显著位置展示办学理念的详细阐释，定期发布学校在人才培养方面的成果，如优秀毕业生事迹、学生在各类竞赛中的获奖情况等，使学校价值体系在传播过程中得到师生的广泛认同，内化为师生的行为准则与价值追求，凝聚全校师生的力量，为学校发展奠定坚实思想基础。

（二）环境文化塑造

高校环境文化主要从物质文化和精神文化两方面进行塑造。校园物质环境与精神环境的营造离不开传播媒介的助力。在物质环境方面，校园景观、建筑等承载着学校文化，传播媒介可以通过图片、视频等形式对其进行展示与解读。例如，校园官方微博发布校园四季美景图片，配以对校园景观文化寓意的介绍，让师生与校外人士都能领略校园独特魅力。对于校园精神环境塑造，传播媒介通过宣传校园先进人物事迹、文化活动等，营造积极向上的氛围。校园广播开设"校园之星"栏目，报道在学习、科研、志愿服务等方面表现突出的学生与教师，激励更多师生向榜样学习，弘扬校园正能量，使校园精神环境充满活力与感染力，增强师生对学校的归属感与认同感。

（三）网络文化拓展

网络文化在高校文化建设中占据着日益重要的地位。随着互联网技术的发展，高校可以利用网络平台构建丰富多元的网络文化空间。在学校官方网站建设文化专题网页，涵盖学术前沿、文化艺术、历史传承等板块，为师生提供深度的文化内容。同时，积极运用社交媒体平台，如微信公众号、抖音等，发布形式多样的文化作品。例如，制作有趣的短视频介绍学校特色学科知识、传统文化技艺，以生动形象的方式吸引师生关注，拓宽文化传播渠道，提升文化传播的广度与深度。此外，通过网络社区、论坛等互动平台，鼓励师生分享文化见解、开展文化讨论，激发文化创新活力，营造开放包容的网络文化氛围，使高校文化在网络空间中得到更广泛传播与发展。

（四）活动文化推进

高校可通过举办各类文化活动，如学术讲座、文艺演出、文化竞赛等，进行文化推进。在文化活动前期宣传阶段，通过校园海报、官网通知、社交媒体推送等多种媒介形式，详细介绍活动内容、时间、地点以及嘉宾信息，吸引师生参与。在活动举办过程中，利用直播平台、现场摄影摄像等手段进行实时报道，让无法亲临现场的师生也能感受活动氛围。活动结束后，通过校报、校园电视台制作专题报道，对活动亮点、成果进行总结展示，扩大活动影响力。例如，一场校园科技文化节活动，前期通过线上、线下宣传吸引众多学生报名参赛，活动期间通过网络直播让更多人关注赛事进展，后期报道展示学生创新成果，使科技文化节的影响力不仅局限于校园内，还能辐射到社会上，推动学校活动文化持续发展，提升高校文化的社会知名度与美誉度。

四、特色文化培育

（一）契合文化传承需求

高校作为文化传承的重要阵地，在特色文化培育过程中，需紧密契合文化传承需求。文化传承涵盖了对中华优秀传统文化、地域特色文化以及学校自身历史文化的传承与发展。

1. 中华优秀传统文化

中华优秀传统文化是中华民族的精神命脉，高校应将其融入特色文化培育体系。在课程设置上，开设相关的传统文化课程，如《论语》研读、中国传统艺术鉴赏等，系统传授传统文化知识。在教学方法上，采用多样化手段，如邀请专家学者举办讲座，以深入浅出的方式讲解传统文化精髓；组织学生参观文化古迹、博物馆等，让学生亲身感受传统文化魅力。例如，组织学生前往当地的古代书院参观学习，了解古代书院的教育模式、学术传承以及建筑风格，使学生对传统文化有更直观、深刻的认识。同时，通过举办传统文化活动，如诗词朗诵比赛、传统礼仪展示等，激发学生对传统文化的兴趣与热爱，在活动中传承和弘扬优秀传统文化。

2. 地域特色文化

高校所在地区的文化具有独特性，如民俗文化、地方艺术等。高校可深入挖掘地域文化资源，将其与学校学科专业相结合。例如，位于少数民族聚居地区的高校，在艺术设计专业中，融入少数民族传统图案、色彩等元素，开发具有地域特色的设计课程；在文学专业中，研究地域文学作品，传承和发展地域文学特色。通过这些举措，既保护和传承了地域文化，又使学校特色文化具有鲜明的地域印记。

3. 高校历史文化

高校自身历史文化的传承同样关键。每所高校都有其独特的发展历程，形成了特有的校园文化。高校应重视校史研究与宣传，通过建设校史博物馆、编写校史教材等方式，梳理学校发展脉络，展示学校在不同历史时期的重要事件、杰出人物以及办学成果。将校史文化融入校园文化活动中，如举办校庆活动，回顾学校历史，传承学校精神，增强师生对学校的认同感与归属感。

（二）促进高校、社会与文化发展的有机融合

高校特色文化培育应致力于促进高校、社会与文化发展的有机融合，形成相互促进、协同发展的良好局面。

1. 与社会融合

高校应积极服务社会，将特色文化成果转化为社会价值。通过开展产学研合作，将高校的科研成果、文化创意等与企业需求相结合，推动文化产业发展。例如，高校的设计专业与当地文化企业合作，开发具有地方特色的文创产品，既提升了企业的文化竞争力，又传播了学校的特色文化。同时，高校应积极参与社会文化建设，组织师生开展文化志愿服务活动，如文化下乡、社区文化建设等。师生将学校的文化资源带到社会基层，丰富了社会文化生

活，促进了社会文化的繁荣发展。另一方面，社会也为高校特色文化培育提供资源与支持。企业可通过捐赠、设立奖学金等方式，支持高校文化建设；社会文化机构，如博物馆、图书馆等，可与高校开展合作，为高校提供文化资源共享、实践教学基地等支持。

2. 与文化发展融合

在高校与文化发展的融合方面，高校应充分发挥文化创新功能，推动文化的繁荣发展。高校拥有丰富的学术资源和创新人才，应鼓励师生开展文化创新研究与实践。在学术研究方面，开展跨学科的文化研究项目，探索文化发展的新理论、新方法。在文化实践方面，鼓励学生参与文化创意活动，如艺术创作、新媒体文化产品开发等。例如，高校学生利用新媒体技术，创作具有时代特色的短视频作品，传播优秀文化，在文化创新实践中推动文化的发展。同时，高校应积极开展国际文化交流与合作，引进国外先进文化理念与资源，促进文化的多元发展。高校通过举办国际学术会议、学生交换项目等，让师生接触国际前沿文化，提升学校特色文化的国际影响力。

（三）精准定位、统筹规划与系统实施

精准定位、统筹规划与系统实施是高校特色文化培育的重要保障。

精准定位是特色文化培育的前提。高校应深入分析自身的学科优势、历史文化底蕴、地域文化资源以及社会需求等因素，确定特色文化的定位。例如，具有理工科优势的高校，可将科技创新文化作为特色文化培育的重点；地处历史文化名城的高校，可围绕历史文化传承与创新来定位特色文化。在定位过程中，要突出独特性与可行性，避免特色文化定位的同质化。

统筹规划是特色文化培育的关键。高校应制定科学合理的特色文化培育规划，明确培育目标、任务、步骤以及保障措施。在规划中，要将特色文化培育与学校的整体发展战略相结合，与学科建设、人才培养、校园文化建设等工作相协调。例如，在人才培养方面，将特色文化相关课程纳入人才培养方案，培养具有特色文化素养的专业人才；在校园文化建设方面，打造与特

色文化相契合的校园环境，举办各类特色文化活动。同时，要合理安排资源，包括人力、物力、财力等，确保特色文化培育工作的顺利开展。

系统实施是特色文化培育的核心。高校应按照规划要求，有步骤、有计划地推进特色文化培育工作。在实施过程中，要建立有效的组织管理机制，明确各部门、各人员的职责分工，加强协调与沟通。例如，成立特色文化培育工作领导小组，负责统筹协调工作；设立专门的工作机构，负责具体实施工作。同时，要加强监督与评估，定期对特色文化培育工作进行检查与评估，根据评估结果及时调整工作策略，确保特色文化培育工作取得实效。

第二节 高校文化育人的主要效应分析

高校文化育人应当具有价值引导、目标激励、精神凝聚、风尚引领、品格塑造、行为规范、素质涵养、身心陶冶的效应。

一、高校文化育人效应

育人效应在教育领域，是通过精准运用适宜的策略与时机，整合各方资源，牢牢把控教育导向，进而产生具有重要价值与积极影响的实践成果。于高校环境中，文化育人效应聚焦于借助文化的多元功能，促使学生在素质层面实现正向蜕变，最终达成预定的教育目标。

（一）价值引导与目标激励

1. 价值引导效应

在高校教育体系内，价值引导占据着基础性且关键的地位。依据科尔伯格的道德发展理论，个体道德认知的发展遵循特定阶段规律，高校的价值引导正是基于这一理论，助力学生向更高道德认知阶段迈进。

高校以思政课程作为价值传递的主阵地，系统阐释马克思主义理论体系，从辩证唯物主义对世界本质与发展规律的揭示，到历史唯物主义对社会发展动力与趋势的剖析，让学生构建起科学认知世界的理论框架，进而塑造正确的世界观。在专题讲座方面，围绕社会主流价值观展开深度研讨，例如运用伦理学理论，深入解读公平正义的内涵与实现路径，探讨敬业奉献在职业伦理中的核心地位，引导学生从理论高度理解这些价值观，为构建正确的人生观与价值观奠定坚实基础，使其清晰洞察人生意义与价值所在。

2. 目标激励效应

洛克的目标设置理论指出，明确且具有挑战性的目标能够有效激发个体的动机与行为。高校引导学生基于自身兴趣偏好与专业知识结构，制定符合该理论要求的目标体系。

在短期学业目标设定上，学生依据专业课程大纲，确定在特定学期内对专业核心知识与技能的掌握程度，如在专业课程学习中，设定在本学期内熟练运用专业软件进行数据分析，掌握特定专业模型的构建与应用，且在课程考核中达到优秀标准。

长期职业规划目标则结合行业发展趋势与自身职业理想，学生规划毕业后5至10年内在专业领域的发展路径，如计划在毕业后进入行业头部企业，从基层岗位做起，通过持续学习与实践，逐步晋升至管理或技术专家岗位。

学校要构建配套且完善的激励机制，以奖学金制度为例，从国家级奖学金对学业成绩顶尖且综合素质卓越的学生的奖励，到校级各类专项奖学金对在科研创新、社会实践、学科竞赛等特定领域表现突出学生的激励，均要有着明确的评定标准与奖励措施。优秀学生评选机制从多个维度对学生进行综合评价，涵盖学业成就、道德品行、社会服务参与度等方面，通过树立榜样，激励广大学生在追求目标的征程中，不断挖掘自身潜在能力，实现知识、技能与品德等综合素质的全面提升，最终达成个人价值与社会价值的有机融合。

（二）精神凝聚与风尚引领

1.精神凝聚效应

高校作为精神文化的重要集结地，肩负着无可替代的精神凝聚使命。从文化人类学的文化认同理论视角出发，共享的文化符号、价值观念与历史记忆能够显著增强群体成员之间的情感联系与归属感。

举办校庆活动作为高校文化传承的重要契机，借助校史展览、学术论坛等形式，深度挖掘学校自创立以来在不同历史时期的发展脉络、重大事件以及杰出贡献人物事迹，将学校的办学理念、精神内核通过具体的历史故事与实物展示呈现给师生，强化师生对学校文化的认同感与归属感。校友交流活动同样具有重要意义，毕业校友重返校园，分享他们在不同行业领域的职业发展经历、所取得的成就以及在实践中积累的宝贵经验，这些鲜活的案例不仅为在校学生提供了职业发展的参考范例，更通过校友与母校之间的情感纽带，进一步激发在校师生对学校的热爱与认同，将个体分散的力量汇聚成强大的集体合力。

2. 风尚引领效应

在引领社会风尚方面，高校师生凭借其深厚的专业知识储备与创新思维能力，积极投身于社会公益与学术创新活动。

在社会公益领域，运用社会学的社会动员理论，高校师生组织并参与各类公益项目，如在环保公益活动中，通过开展环保知识普及讲座、组织社区环保行动等方式，向社会大众传播可持续发展理念，动员更多社会力量参与环境保护行动。

在学术创新方面，高校科研团队遵循科学研究的范式与方法，在前沿学科领域开展深入研究。一旦取得创新性科研成果，便通过国际国内学术会议、高水平学术期刊发表等途径，将最新科研进展与创新理念传播至学术界乃至全社会，倡导勇于探索、追求真理的科学精神，以自身的学术影响力与社会实践行动影响周边人群，推动社会在文化观念、行为方式等方面朝着积极健康的方向发展，成为社会精神文明建设的关键推动力量。

（三）品格塑造与行为约束

1. 品格塑造效应

品格塑造是高校育人的核心任务之一。在课程思政实践过程中，遵循教育心理学的迁移理论，将思政教育元素巧妙融入专业课程教学内容与教学过程中。例如，在工科专业课程中，讲解工程设计原理与实践时，引入工程伦理相关知识，强调工程师在项目设计、实施过程中对社会、环境应承担的责任，培养学生严谨负责、诚实守信的职业品格。

在道德实践活动方面，组织学生参与社区服务、志愿者活动等，依据社会学习理论，让学生在与他人互动、为社会提供服务的过程中，观察、学习并内化友善、关爱他人等道德品质。在专业课程学习中，以科研项目为依托，鼓励学生面对复杂的专业问题时，运用科学研究的方法论，严谨治学、勇于探索，不断锤炼自身的意志品质与创新精神。

2. 行为约束效应

行为约束是保障育人成效的重要支撑。学校依据教育管理理论，构建全面系统的规章制度体系。

课堂纪律方面，明确规定学生的出勤要求、课堂参与规范以及对教学秩序的维护责任，引导学生养成良好的学习习惯与时间观念。依据教育评价理论，针对考试作弊等违背学术诚信的行为制定严格的惩处措施，维护考试的公平公正性，营造良好的学术氛围。

宿舍管理规定涵盖作息时间安排、环境卫生维护、室友关系协调等内容。高校通过定期检查、评比等方式，督促学生遵守规定，培养学生的自律意识与责任感。通过对违规行为的依规处理，让学生在不断接受规则反馈的过程中，逐步将外在的规章制度内化为自觉的行为准则，实现从他律到自律的转变，在良好行为约束的保障下，稳步推进学生品格的塑造与提升。

（四）素质涵养与身心陶冶

素质涵养贯穿于高校教育的全过程。从课程体系的设计与实施来看，专业课程依据学科知识体系与专业培养目标，构建起系统的知识传授与技能训练体系，旨在培养学生扎实的专业素养。例如，在自然科学专业中，高校通过基础理论课程与专业实验课程的有机结合，使学生掌握专业领域的基本原理、实验方法与技术应用；人文社科课程则从文化学、社会学、心理学等多学科视角，拓宽学生的知识视野，提升其人文素养与综合思维能力，如开设世界文化史课程，让学生了解不同文化的发展历程与交流融合，增强文化理解与包容能力。

遵循实践教学理论，通过企业实习、课程设计、创新创业实践等活动，锻炼学生将理论知识应用于实际问题解决的能力，培养学生的沟通协作、创新实践等综合素养。依据非正式学习理论，社团活动作为课堂教学的重要补充，为学生提供多样化的学习与发展平台，如学术社团通过组织学术研讨、知识竞赛等活动，促进学生对专业知识的深入探究；文艺社团通过举办文艺演出、艺术展览等活动，提升学生的审美能力与艺术修养。

依据运动生理学、体育教育训练学等理论，开设多样化的体育项目，如篮球、足球、田径、瑜伽等，满足不同学生的兴趣爱好与身体发展需求，通过科学系统的体育教学与训练，增强学生体质，提升身体机能。学校定期举办运动会，设置丰富多样的竞技项目，激发学生的运动热情与竞争意识，培养学生的团队合作精神与拼搏精神。

在心理健康教育方面，心理咨询中心需要配备专业心理咨询师，为学生提供一对一的心理咨询服务，帮助学生解决在学习、生活、人际交往等方面遇到的心理困扰。同时，开展心理健康讲座，针对大学生常见的学业压力、情感问题、职业选择困惑等，运用心理学专业知识进行深入剖析与指导，帮助学生缓解心理压力，塑造积极乐观的心态。在素质涵养与身心陶冶的协同作用下，学生在知识、能力、品德、身心等多个维度实现全面发展，逐步成长为适应社会多元化需求的复合型人才。

二、高校文化育人效应的理论依据

文化育人作为一项贯穿古今中外的持续性实践活动，其理论根源可从中国传统文化、马克思主义先进文化以及思想政治教育学科中探寻。

（一）中国传统文化的理论溯源

中国传统文化源远流长，其深邃的思想体系为高校文化育人提供了极为深厚的理论滋养。

从儒家思想维度审视，"仁、义、礼、智、信"构成了儒家道德规范与价值体系的核心架构。其中，"仁"作为儒家思想的核心理念，高度强调人与人之间应秉持关爱、尊重与共情的态度。从哲学层面而言，它倡导个体超越自我中心，以推己及人的方式构建和谐的人际关系，这对于引导高校学生培育善良、包容且富有同理心的品德具有重要启示意义。"义"则着重要求个体在行为抉择中遵循道义原则。从伦理学范畴来看，它促使学生在面对复杂情境与价值冲突时，能够依据社会公认的正义准则进行理性判断与抉择，坚守道德底线与正义立场。"礼"作为儒家社会秩序构建的重要规范，涵盖了从个体言行举止到社会交往礼仪的诸多层面。从社会学视角分析，其有助于学生在日常生活与人际交往中养成文明礼貌、谦逊得体的行为习惯，进而促进良好校园秩序与社会风尚的形成。

道家思想以"道"为核心范畴，主张顺应自然、无为而治。道家所倡导的"自然"并非简单指自然界，而是一种蕴含着宇宙万物内在规律与本质的"形而上"概念。道家思想教会学生尊重事物发展的客观规律，避免过度人为干预，保持内心的宁静、豁达与超脱，摒弃急功近利的浮躁心态。从心理学与哲学融合的角度，这有助于学生塑造健康平和的心理状态与豁达的人生态度。

墨家的"兼爱""非攻"思想独树一帜。"兼爱"主张无差别的爱，即个体应对世间万物与所有人秉持平等、无偏见的关爱态度。从社会伦理与道德哲学层面，为培养学生的平等观念与博爱情怀提供了理论源泉。"非攻"反对战争与暴力冲突，倡导和平共处，对于培育学生的和平意识、国际视野以及反对霸权主义的价值观具有积极意义。

在高校文化育人实践中，引入经典古籍研读活动，通过对《论语》《孟子》《老子》《墨子》等经典文本的深度解读与研讨，引导学生深入汲取传统文化精髓。开展传统礼仪学习活动，让学生系统掌握古代礼仪规范，从服饰礼仪、社交礼仪到祭祀礼仪等，在实践体验中领悟传统文化的精神内涵，塑造健全人格。通过这些举措，学生能够增强对民族文化的认同感与自豪感，树立坚定的民族文化自信，以史为鉴，实现个人知识体系的完善、品德修养的提升与全面发展。

（二）马克思主义理论视域下的文化育人阐释

马克思主义理论为高校文化育人事业明晰了科学方向，提供了根本性的理论指引。马克思主义哲学认为，文化作为社会意识的关键构成部分，其产生与发展受社会经济基础的决定与制约，同时又对经济基础具有能动的反作用。在高校文化育人情境中，以马克思主义理论为指导开展各项文化教育活动，能够确保所培育的人才在思想观念、价值取向与行为模式等方面高度契合社会主义建设的现实需求，成为推动社会主义事业持续发展的中坚力量。

马克思主义始终将人的全面发展作为核心价值追求。马克思指出，人的全面发展涵盖了体力与智力、物质生活与精神生活、个人与社会关系等多个维度的协调发展。在高校，借助文化育人这一重要途径，能够有效促进学生在德、智、体、美、劳等诸多方面实现均衡、协调发展，摆脱因片面追求某一领域发展而导致的畸形与局限。通过系统的思想政治教育、丰富的文化艺术活动、扎实的专业知识学习以及广泛的社会实践参与，学生能够在知识、技能、品德、审美与劳动素养等方面获得全方位提升，逐步成长为符合马克思主义关于人的全面发展理论要求的新时代人才。

马克思主义的实践观在高校文化育人中占据举足轻重的地位。实践是人类认识世界与改造世界的根本途径。马克思主义强调理论与实践的辩证统一关系。高校积极组织学生参与社会实践、志愿服务等活动，学生在这些真实的实践情境中，能够将课堂所学的理论知识与实际问题解决紧密结合，深化对知识的理解与掌握，提升运用理论分析与解决复杂现实问题的能力。通过实践活动，学生能够将马克思主义理论内化为自身坚定的思想信仰与行动指南，增强对社会主义理想信念的认同感与践行力，为投身社会主义事业奠定坚实的思想与能力基础，在实践中不断检验与发展马克思主义理论，为社会主义事业贡献智慧与力量。

（三）思想政治教育学对高校文化育人的理论支撑

思想政治教育学作为一门专门研究人的思想行为形成、发展规律以及思想政治教育规律的学科，为高校文化育人提供了坚实且系统的理论支撑。在高校文化育人实践中，遵循思想政治教育学原理开展思政课程教学具有关键性意义。思政课程以系统传授马克思主义理论、党的路线方针政策以及社会主义核心价值观等内容为主要任务，通过科学严谨的课程体系设计、多样化的教学方法运用以及富有针对性的教学内容安排，引导学生构建科学的世界观、人生观、价值观。从认识论与方法论角度，帮助学生正确认识世界的本质与发展规律，明晰个人在社会中的角色与责任，确立积极向上的人生目标与价值取向。

思想政治教育学中的沟通理论、激励理论等为高校教师开展教学与育人工作提供了重要的方法借鉴。沟通理论强调在教育过程中建立平等、互动、有效的师生沟通机制。教师运用恰当的语言表达、倾听技巧与情感交流方式，深入了解学生的思想动态、学习需求与心理困惑，从而实现教育信息的精准传递与有效反馈，增强思政教育的针对性与实效性。激励理论则关注如何激发学生的学习动机。教师通过设置合理的学习目标、运用积极的评价方式与奖励机制，满足学生的成就需求、尊重需求等，激发学生主动参与学习与自我提升的积极性，提升思政教育效果。

高校通过全方位的学校文化建设、主题鲜明的教育活动等途径，将思想政治教育有机融入学生的日常学习与生活。从物质文化、精神文化、制度文化与行为文化等多个层面进行学校文化建设，营造积极向上、富有思想政治教育内涵的校园环境，使学生在潜移默化中受到熏陶。主题教育则针对不同时期的社会热点、学生成长需求以及思想政治教育重点，开展如爱国主义主题教育、理想信念主题教育等多样化的活动形式吸引学生参与，在实践体验中提升学生的思想道德素质。思想政治教育学为高校文化育人实践提供了科学的方法体系与坚实的理论依据，有力推动高校文化育人工作的深入开展与质量提升。

第三节 高校文化育人载体建设及其价值探讨

一、高校文化育人的载体形态

高校教育具有双重属性且相辅相成，其目标在于培养生产、建设、服务与管理一线的高端技能型人才。基于此，高校实现文化育人，需促进院校、企业、社会深度融合与协同发展。这种融合呈现为院校文化、校企融合文化、社会文化三种形态。

（一）院校文化形态

院校文化形态是高校文化育人的根基，深深扎根于学校的历史发展进程之中。它呈现为校园物质环境、精神风貌、制度规范等多种形式，全方位地影响着师生的学习与生活。

（1）校园物质环境。校园物质环境是院校文化的直观体现。独特的校园建筑风格，承载着学校的历史底蕴与文化特色。古老的教学楼诉说着学校的悠久历史。现代风格的图书馆则彰显着学校对知识前沿的追求。校园内的雕塑、景观等艺术元素，或蕴含着学校的精神理念，或展现着学科的独特魅力，为师生营造出浓厚的文化氛围。比如，某师范院校校园中树立着教育家孔子的雕塑，时刻提醒着师生传承教育初心。

（2）精神风貌。精神风貌是院校文化的核心。校训作为学校精神的高度凝练，对师生有着强大的指引作用。校歌则以激昂的旋律与富有内涵的歌词，传递着学校的价值观与使命感。丰富多彩的校园活动也是高校文化精神风貌的重要展示窗口。学术讲座邀请学界权威，为学生带来前沿知识，激发学生学术探索热情；文艺演出汇聚师生才艺，展现青春活力与人文情怀；体育赛事培养学生的团队协作与拼搏精神。

（3）制度规范。高校制度规范保障着文化育人的有序推进。教学管理制度确保教学质量，从课程设置到考核评价，都致力于培养学生扎实的专业知识与技能。学生管理制度规范学生日常行为，引导学生养成良好的道德品质与行为习惯。例如，严格的考试制度培养学生诚信应考的意识，完善的奖学金制度激励学生积极进取。

（二）校企融合文化形态

校企融合文化形态是高校适应社会经济发展需求，与企业深度合作产生的新型文化形态，为高校文化育人注入新活力。校企融合文化形态主要体现在人才培养、教学模式、校园文化活动三个方面。

（1）人才培养。在人才培养目标上，校企融合文化紧密围绕企业需求。高校与企业共同制定人才培养方案，企业将行业最新技术、岗位技能要求反馈给学校，学校据此调整课程设置，使学生所学知识与技能更贴合市场实际。例如，计算机专业与互联网企业合作，针对企业对大数据分析、人工智能算法等岗位需求，开设相关课程，培养实用型人才。

（2）教学模式。企业专家走进课堂，带来实际项目案例，让学生了解行业一线动态。高校教师带领学生深入企业实习实践，在真实工作场景中提升操作能力。像一些工科院校与制造企业合作，学生在企业生产线实习，参与产品研发、生产流程，将理论知识用于实践，同时学习企业严谨的工作态度与创新精神。

（3）校园文化活动。企业赞助校园科技竞赛，设立专项奖学金，激发学生创新创造能力。企业开放日、企业文化宣讲会等活动，让学生提前了解企业文化与职业素养要求。如某知名企业在高校举办创新设计大赛，鼓励学生运用专业知识解决实际问题，获胜者还有机会获得企业实习或就业机会。

（三）社会层面文化形态

社会层面文化形态为高校文化育人提供广阔的外部环境与丰富资源，对学生社会化进程影响深远。社会层面文化形态主要表现在社会主流价值观、社会文化资源、社会人才评价等对高校文化的影响。

（1）社会主流价值观。社会主流价值观是高校文化育人的重要遵循。爱国、敬业、诚信、友善等价值观通过社会舆论、媒体宣传等多种途径传播，高校引导学生将这些价值观内化为自身行为准则。社会公益活动也是高校文化育人的生动课堂。学生参与志愿服务，如社区关爱老人、环保公益行动等，增强社会责任感，提升奉献精神。

（2）社会文化资源。社会文化资源为高校教学与研究提供支持。博物馆、科技馆、文化遗址等场所蕴含丰富的历史文化知识，高校组织学生参观学习，可以拓宽知识面。例如，历史专业学生前往历史博物馆，近距离观察文物，深化对历史事件与文化的理解。社会学术资源同样重要，高校邀请社会各界专家学者举办讲座、开展学术交流，促进学科发展，也让学生接触到多元学术观点。

（3）社会人才评价标准。随着社会对复合型人才需求增加，高校注重培养学生综合素质，除专业技能外，还提升学生沟通协作、创新思维、跨文化交流等能力，使学生更好地适应社会发展，在未来职场与社会生活中展现自身价值，成为推动社会进步的积极力量。

二、高校文化育人的建设要略

（一）校园景观与校史校情

1.校园景观

校园景观作为高校物质文化的重要组成部分，承载着丰富的校史校情信息，在高校教育中发挥着独特的育人功能。校园景观涵盖了校园建筑、园林规划、雕塑作品等多种元素，这些元素不仅构成了校园的外在风貌，更蕴含着学校的历史传承、文化底蕴与精神内涵。

校园建筑是校园景观的核心要素之一，其风格与布局往往反映了学校不同发展阶段的特点。在历史悠久的高校中，古老的教学楼可能采用古典主义建筑风格，庄重典雅，彰显着学校深厚的历史积淀。新建的现代化建筑则体现了学校对时代发展需求的回应，其采用先进的建筑技术与设计理念，满足现代教育教学的功能要求，如智能化的图书馆、实验楼等，展现出学校与时俱进的创新精神。

园林规划也是校园景观的重要内容。校园内的花草树木、湖泊溪流等自然景观，经过精心设计与布局，营造出宁静、优美的校园环境。这些自然景观不仅具有审美价值，还能对师生的心理和情感产生积极影响。同时，园林中的植物种类选择也可能与学校的学科特色或地域文化相关联。例如，农林院校的校园中可能种植大量具有科研价值的植物品种，既美化环境，又为教学实践提供了便利；而一些具有地域特色的高校，可能会在园林中引入当地特有的植物，传承和弘扬地域文化。

雕塑作品作为校园景观的点睛之笔，往往蕴含着深刻的文化寓意。校园中的名人雕塑，如对学校发展做出重要贡献的教育家、科学家等，他们的形象与事迹激励着学生树立远大理想，追求真理。主题雕塑则可能围绕学校的办学理念、校训精神等展开，通过艺术化的表达，将抽象的精神内涵具象化，使学生在日常的校园生活中，潜移默化地受到学校文化的熏陶。

2. 校史校情

校史校情是校园景观的文化灵魂。每一所高校都有其独特的发展历程，在这个过程中，形成了各具特色的办学理念、校训精神、优良传统等。这些校史校情内容通过校园景观得以呈现和传承。学校可以通过编写校史教材、举办校史展览、开展校史文化活动等方式，深入挖掘校史校情资源，并将其融入校园景观的建设与管理中。

校园景观与校史校情的融合，为高校教育提供了丰富的教育资源。通过开展校园文化之旅、校史校情讲座等活动，引导学生深入了解校园景观背后的文化内涵和校史校情故事，有助于培养学生的爱校情怀、文化素养和历史责任感。同时，校园景观作为一种隐性课程，对学生的价值观、审美情趣和行为习惯的形成具有潜移默化的影响，在高校文化育人中发挥着不可替代的作用。

（二）校企合作与文化互认

校企合作是高校适应社会经济发展需求，培养高素质应用型人才的重要途径。在校企合作过程中，文化互认是实现双方深度融合、协同发展的关键因素。校企合作不仅仅是人才培养和技术研发的合作，更是两种不同文化的交流与碰撞。

1. 校企合作

企业作为市场经济的主体，具有鲜明的企业文化。企业文化包含企业的价值观、经营理念、行为规范、企业精神等内容，是企业在长期的生产经营过程中形成的独特文化标识。例如，一些创新型企业强调创新精神和团队合作，鼓励员工勇于尝试、敢于创新；而一些传统制造业企业则注重质量意识和工匠精神，追求产品的精益求精。高校作为知识传承和创新的场所，也有其独特的校园文化，包括学术氛围、治学理念、人文精神等。校园文化注重培养学生的综合素质和创新能力，强调知识的积累和传承。

在课程建设方面，校企合作可以共同开发课程，将企业文化元素融入专业课程教学中。例如，在市场营销专业的课程中，可以引入企业的实际营销案例，让学生了解企业的市场策略和营销手段；在工程类专业的课程中，可以结合企业的生产工艺流程，培养学生的工程实践能力和质量意识。高校通过这种方式，使学生在学习专业知识的同时，也能接受企业文化的熏陶，提高学生对企业的认知度和适应能力。

此外，校企合作还可以在科技创新、社会服务等方面实现文化互认。高校的科研成果可以通过与企业的合作转化为现实生产力，为企业的发展提供技术支持；企业的实际需求也可以为高校的科研工作提供方向，促进高校科研水平的提升。在这个过程中，双方的文化优势得到充分发挥，实现了互利共赢。

2. 文化互认

在校企合作中，文化互认首先体现在双方对彼此文化价值的尊重和认同上。高校要认识到企业文化中蕴含的实践导向、市场意识等元素对人才培养的重要性，将企业文化融入人才培养过程中。企业也要尊重高校的学术传统和育人理念，积极参与高校的人才培养和科学研究工作。通过文化互认，双方可以建立起相互信任、相互支持的合作关系。

为了实现文化互认，校企双方可以开展多种形式的文化交流活动。企业可以组织员工到高校参观学习，了解高校的学术研究成果和校园文化氛围，拓宽员工的知识视野，提升员工的文化素养。高校可以邀请企业专家走进校园，举办企业文化讲座、开展企业实践案例教学等活动，让学生了解企业的运作模式、行业发展动态和企业文化内涵。同时，高校还可以组织学生到企业实习实践，让学生亲身感受企业文化，将校园文化与企业文化相结合，提升自身的职业素养和综合能力。

校企合作与文化互认是高校培养高素质应用型人才的必然要求。通过文化互认，促进校企双方在人才培养、课程建设、科技创新等方面的深度合作，实现校园文化与企业文化的有机融合，为学生的成长成才和企业的发展壮大创造良好的条件。

（三）教育基地与行业典范

教育基地作为高校与社会联系的重要纽带，在高校教育中发挥着实践教学、人才培养、社会服务等重要功能。行业典范则是行业内的优秀代表，他们的成功经验和先进理念对高校教育具有重要的借鉴意义。

1. 教育基地

教育基地包括校内实训基地和校外实习基地。

校内实训基地是高校根据专业设置和教学需求，在校内建设的用于实践教学的场所。校内实训基地配备了先进的实验设备和模拟工作环境，能够为学生提供与专业相关的实践操作机会，培养学生的基本技能和实践能力。例如，工科院校的工程训练中心，为学生提供了机械制造、电子电工等方面的实训项目，让学生在实践中掌握工程技术的基本原理和操作方法。校内实训基地还可以承担科研项目和社会服务任务，促进教学、科研和社会服务的有机结合。

校外实习基地是高校与企业、科研机构等社会单位合作建立的实践教学场所。校外实习基地为学生提供了真实的工作环境和实践机会，让学生在实际工作中了解行业发展动态，掌握专业技能，提高综合素质。高校与校外实习基地的合作方式多种多样，包括学生实习、教师挂职锻炼、产学研合作等。通过与校外实习基地的紧密合作，高校可以及时了解行业对人才的需求变化，调整人才培养方案，提高人才培养质量。

2. 行业典范

行业典范在行业发展中具有引领示范作用。其在技术创新、管理模式、企业文化等方面的成功经验，为高校教育提供了宝贵的借鉴。高校可以通过邀请行业典范走进校园，举办讲座、开展交流活动等方式，让学生了解行业发展的前沿动态和成功经验。例如，邀请知名企业的企业家分享企业的创业历程和管理经验，让学生学习企业家的创新精神和创业意识；邀请行业内的技术专家介绍最新的技术成果和应用案例，拓宽学生的专业视野。

同时，高校还可以组织学生到行业典范企业参观学习，让学生亲身感受企业的先进管理模式和企业文化。在参观学习过程中，学生可以与企业员工进行交流，了解企业的用人标准和职业要求，为自己的职业规划提供参考。此外，高校还可以与行业典范企业开展产学研合作，共同开展科研项目和技术创新，将企业的实际需求与高校的科研优势相结合，推动行业的发展。

教育基地与行业典范在高校教育中相辅相成。教育基地为学生提供了实践平台，让学生在实践中成长；行业典范为学生树立了榜样，激励学生努力学习，追求卓越。高校要充分利用教育基地和行业典范的资源优势，加强实践教学环节，培养学生的实践能力和创新精神，提高人才培养质量，为社会培养更多高素质的应用型人才。同时，高校也要积极参与行业发展，为行业典范企业提供智力支持和人才保障，实现高校与行业的共同发展。

综上所述，校园景观与校史校情、校企合作与文化互认、教育基地与行业典范在高校教育中都具有重要的地位和作用。高校应充分挖掘和利用这些资源，不断创新教育教学模式，提高人才培养质量，为社会经济发展做出更大的贡献。

三、高校文化育人的建设价值

高校积极探索、构建多样化的文化育人载体，其核心目的在于为培育高端技能型人才搭建坚实的物质架构，提供有力的理念支撑，进而达成文化育人的价值目标。

（一）强化文化涵育，塑造学生优良品行

文化涵育在高校教育中占据核心地位，是塑造学生优良品行的关键途径。高校校园文化蕴含丰富的精神内涵，通过多维度的文化浸润，对学生的价值观、道德观及行为模式产生深远影响。

校园文化活动是文化涵育的重要载体。举办各类文化节，如科技文化节、艺术文化节等，为学生提供广阔的展示平台。在科技文化节中，学生参与科研项目展示、科技创新竞赛，培养严谨的科学态度、创新思维与探索精神。艺术文化节里，音乐、舞蹈、戏剧等活动激发学生的审美情趣，提升艺术修养，促使学生追求高雅文化，抵制低俗文化侵蚀。社团活动同样不可或缺，不同兴趣导向的社团，如文学社团、环保社团等，在丰富学生课余生活的同时，培养其团队协作能力、沟通能力与社会责任感。文学社团组织读书分享会、写作比赛，引导学生汲取文学经典中的智慧，提升人文素养；环保社团开展公益活动，增强学生的环保意识与社会担当。

校园文化环境建设也至关重要。校园景观、建筑布局融入文化元素，校园雕塑、文化长廊等彰显学校的历史底蕴与文化特色。校训、校歌等精神标

识时刻激励学生践行学校的价值追求。良好的校园舆论环境同样关键，通过校园广播、校报、新媒体平台等传播正能量，弘扬社会主义核心价值观，引导学生树立正确的世界观、人生观、价值观。

（二）凸显德技要素，提升师资队伍品质

师资队伍是高校教育的核心力量，凸显德技要素对提升师资队伍品质意义重大。"德"为师德师风，是教师从事教育工作的道德准则与行为规范；"技"指专业技能，包括学科知识水平、教学能力与实践技能。

师德师风建设是首要任务。高校通过开展师德培训、树立师德楷模等方式，强化教师的职业道德意识。定期组织师德专题培训，深入学习教育法律法规、教师职业道德规范，引导教师爱岗敬业、关爱学生、严谨治学、为人师表。评选表彰师德标兵，以榜样的力量激励广大教师坚守道德底线，提升师德修养。

提升教师专业技能是关键。一方面，鼓励教师持续提升学科知识水平，通过参加学术研讨会、进修学习、开展科研项目等，跟踪学科前沿动态，丰富知识储备。另一方面，加强教学能力培养，开展教学方法培训、教学观摩活动、教学竞赛等，促使教师掌握先进的教学理念与方法，提高课堂教学质量。对于应用型学科教师，注重其实践技能提升，安排教师到企业挂职锻炼，参与实际项目运作，积累实践经验，以便更好地将实践案例融入教学，培养学生的实践能力。

建立完善的教师评价体系，将"德""技"要素纳入评价指标。不仅要考核教师的教学业绩、科研成果，更要重点考量师德表现与实践技能应用能力，以此激励教师全面发展，打造一支"德""技"双馨的师资队伍。

（三）传承经典文化，塑造高校特色品牌

经典文化是中华民族的瑰宝，传承经典文化是高校的重要使命，也是塑造高校特色品牌的有效途径。

高校深入挖掘经典文化内涵，将其融入课程体系。开设中国传统文化、

经典文学鉴赏、传统艺术等相关课程，系统传授经典文化知识。在课程教学中，运用现代教学手段，如多媒体教学、案例教学等，激发学生对经典文化的兴趣。组织学生研读经典著作，开展经典文化专题讨论，引导学生深入理解经典文化精髓，培养文化自信。

举办丰富多样的经典文化活动。开展经典诵读比赛，让学生在诵读中感受经典文学的韵律之美与情感力量；举办传统艺术展览，如书法、绘画、剪纸等，展示传统艺术魅力，培养学生的艺术鉴赏能力；组织传统节日庆祝活动，如春节、中秋节等，通过民俗体验、文化讲座等形式，传承传统节日文化，增强学生对民族文化的认同感。

通过传承经典文化，高校逐渐形成独特的文化氛围与办学特色，塑造特色品牌。特色品牌不仅提升学校的知名度与美誉度，吸引优质生源与师资，更在文化传承创新中发挥示范引领作用，推动高校教育高质量发展。

第四节　基于高技能人才培养的高校文化建设研究

高校文化是彰显高校本质特征和内在精神的标志。谈及高校文化，各种名校的文化风貌跃然纸上，仿佛它们就是大学文化的代言，而高校文化这个范畴几乎处于失语状态，未能进入公众的视野。这一局面的形成，虽然可归结于高校发展历史相对较短、高校文化是新生事物等，但更核心的原因在于高校长期以来忽略了自身的文化建设。

一、高校文化建设的根基与归宿

（一）高校文化建设的根基

传承文化是高校文化建设的根基。文化的发展促进人的全面发展。高校应将学生作为文化发展的起点，并立足文化建设宏观定位。对于高校来说，需要培养社会需要的人才。学校文化具体体现为人才的目标定位，一定程度上反映了学校的人才观，是学校通过某些途径及方式，培养人才的基本价值观，是对人才培养的基本标准及规范。广泛的适应能力、优秀的创新能力、高超的生产技艺及工匠技术等，是高校培养高技能型人才的基本特点。

高校通过开展校企合作及产学研融合的方式，对高技能型人才进行培养，使得高校文化建设兼具文化性及产业性。换句话说，高校将文化放在教育和产业中，使文化建设具有产业及教育双重属性，从而使学生脱离原来的象牙塔式的教育，转向校企融合氛围中，以此使学生在掌握理论文化的同时拥有高级技能，创造出一种富有高校文化及企业文化的双重特质，培养出区别于白领甚至金领的高级人才。

（二）高校文化建设的归宿

高校文化建设始终要回归到育人这一教育根本宗旨上。面对新时代，培养什么样的人，怎样培养人是高校面临的一个挑战。随着社会的不断发展，时代对于人才的评价标准也在不断变化，这就要求高校紧跟时代潮流，及时更新人才培养方案，因时、因地制宜进行人才培养。反映在高校文化建设上，就要考虑不同时代、不同地区的文化发展差异，突出文化特色。

文化的差异性主要体现于各种层次及场域，文化的多样性所在就是其差异性。文化最避讳同质性，没有任何特色等于没有任何价值。浓厚的文化气息离不开对历史文化的传承及对学术价值的追求。高校需要更加强调文化的差异性特征，放大高校教育的独特属性，打造出不同于一般性高校文化建设的差异性。

从目前来看，培养高技能型人才是高校文化建设的出发点。其中通过服务发展、促进就业、提升质量作为其文化建设的方向引导，融合学校、社会及其他行业的区域力量，打造出别具特色的校园文化。这种文化特色的打造可从精神、物质、制度及行为四个层面来展开。

（1）精神文化。在高等教育及职业教育中，追求科学民主、重实践技能的职业追求。

（2）物质文化。突显高校教学特色，使职业特性及高等教育的特性得到具体体现，从专业技能、生产一线及职业领域三个层面打造学校的教学特色。

（3）制度文化。不仅注重产学研合作，还要坚持严谨治学及治校原则，从而提供更多的跨界保障。

（4）行为文化。坚持高等教育特性，大力提倡职业性及实践性，使学生具备高校的文化内涵及企业品质。

高校多重的文化特色使校园文化建设的优势凸显，其具有极强的发展生命力，也为其育人建设定下基调。

二、高校文化建设存在的问题

近年来，高校逐渐重视文化建设，并积累了一定经验。不过，从整体来看，高校文化建设仍处于初级发展阶段，还存在很多问题。其中最突出的问题是高校教育特色不鲜明，难以实现培养高技能人才这一核心目标。

（一）偏离"人才培养"核心导向

在高校教育体系中，人才培养居于核心地位，是高校的根本使命。然而，部分高校在发展进程中逐渐偏离这一核心导向，其主要体现在课程设置和教学方法上。

1.课程设置

高校在课程设置方面存在与市场需求脱节的现象。一些专业课程内容陈旧，未能及时融入学科前沿知识与行业最新动态，导致学生所学知识滞后，难以适应就业市场的快速变化。例如，某些传统工科专业，课程仍围绕过时的技术理论展开，而新兴的智能制造、工业互联网等领域知识涉及甚少，这样学生毕业后在相关行业就业时，面对实际工作场景中的新技术、新问题就会束手无策。此外，课程体系缺乏系统性与综合性，不同学科之间相互割裂，导致学生难以构建完整的知识体系，无法有效运用多学科知识解决复杂问题，不利于培养复合型人才。

2.教学方法

在教学方法上，部分高校过度依赖传统讲授式的教学，而忽视学生的主体地位。课堂上教师主导知识传递，学生被动接受，缺乏互动与思考空间，难以激发学生学习兴趣与创新思维。以理论性较强的课程为例，教师照本宣科讲解概念、原理，导致学生只靠死记硬背，缺乏对知识的深入理解与应用能力。实践教学环节薄弱也是一大问题。实践课程占比不足、实验设备陈旧、实践基地建设不完善，导致学生实践操作机会少，实践技能得不到有效锻炼，无法满足人才培养中对实践能力的要求。

（二）背离"技能立身"培养目标

"技能立身"强调培养学生扎实的专业技能，使其凭借专业技能在社会立足并实现个人价值。但是，当前部分高校在人才培养中背离"技能立身"这一培养目标，其主要体现在实践教学、校企合作、技能考核评价三个方面。

1. 实践教学缺乏

对于应用型专业，实践教学落实不到位。实践课程安排不合理，实践教学内容简单，缺乏挑战性与创新性，无法让学生接触到行业实际工作中的复杂问题与先进技术。例如，计算机专业实践课仅围绕基础编程练习，缺乏大数据处理、人工智能算法应用等前沿领域实践项目，难以使学生掌握行业核心技能。

2. 校企合作欠缺深度

校企合作流于形式，企业参与度低，未能深度参与人才培养方案的制定、课程开发与实践教学指导。高校与企业之间缺乏有效沟通与协同机制，导致高校培养的学生技能与企业实际需求存在较大差距，这样的学生毕业后不能迅速适应企业工作岗位。

3. 技能考核评价体系缺乏科学性

技能考核评价体系不科学。多数高校仍以理论考试成绩为衡量学生学业水平的标尺，对学生实践技能考核重视不足。实践技能考核标准模糊，缺乏量化指标，考核方式单一，如仅通过实验报告或简单操作演示评价学生实践能力，无法全面、准确地评估学生技能掌握程度。这种不科学的考核评价体系难以引导学生重视技能学习，不利于提升学生专业技能。

（三）忽视"文化育人"本质要求

文化育人是高校育人的重要内涵，通过文化的浸润塑造学生的价值观、道德观等。然而，一些高校对文化育人重视程度不够，其主要表现在校园文化建设不足、思想政治教育与专业教育割裂方面。

1. 校园文化建设缺乏系统性与深度

校园文化活动形式单一，多为娱乐性活动，缺乏文化内涵与教育意义。例如，一些校园文艺演出仅注重表演效果，未融入高校历史文化、专业特色等元素，无法对学生产生深层次的文化影响。校园文化环境建设滞后，校园景观、建筑缺乏文化标识与精神内涵，未能充分发挥文化育人功能。同时，校园文化缺乏对中华优秀传统文化、社会主义先进文化的深入挖掘与传播，无法为学生提供丰富的文化滋养。

2. 思想政治教育与专业教育割裂现象严重

思想政治教育未能有效地融入专业课程教学。在专业课程教学中，教师仅关注知识传授，忽视思政元素挖掘与渗透，无法实现知识传授与价值引领的有机统一。例如，在理工科专业教学中，教师未将科学精神、创新精神、社会责任等思政元素融入专业知识讲授中，导致学生在学习专业知识过程中无法得到思想政治教育的熏陶，不利于培养德才兼备的高素质人才。此外，高校对校园文化育人的理论研究与实践探索不足，缺乏有效的文化育人机制与方法，难以将文化育人理念转化为实际育人成效。

三、高校文化建设之路

高校文化建设要以高技能型人才培养为导向，从学校特色及本质属性出发，融合企业、行业、区域与学校等多元文化元素，通过科学的战略规划、有效的机制构建以及对主题活动的重点推进，不断在实践中探索、沉淀与优化，逐步达成高校文化建设的目标。

（一）运用顶层设计思维，构建高技能型人才培养服务体系

顶层设计思维是从战略和全局的高度进行统筹谋划，充分调动各方要素，实现资源的最优配置与效能的最大化发挥。对于高校而言，应紧紧围绕"高

技能型人才培养"这一核心目标，联合政府部门、企事业代表、文化界精英以及教育领域专家等多方力量，共同推进文化建设，构建完善的文化体系。

1. 确立文化引领的办学理念

办学理念是高校发展的灵魂，确立文化引领的办学理念对高校发展具有深远意义。文化引领要求高校将文化建设置于战略高度，以文化为核心驱动力，贯穿于人才培养、科学研究、社会服务等各项职能中。高校应深入挖掘自身历史文化底蕴，结合时代发展需求，凝练出独特的文化价值观。例如，具有深厚历史积淀的高校可传承先辈教育家的教育思想，将其融入办学理念，如倡导"学术自由、兼容并包"，营造开放、包容的学术氛围，鼓励师生勇于探索未知，追求真理。同时，高校需将文化引领理念转化为具体的发展规划与行动指南，从顶层设计层面保障文化建设在高校工作中的核心地位，为高校长远发展奠定坚实的文化基础。

2. 推进自主创新的精神文化建设

精神文化是高校文化的内核，推进高校自主创新的精神文化建设尤为关键。高校应营造鼓励创新的学术氛围，通过设立创新基金，支持师生开展创新型科研项目，激发创新活力。高校可通过举办各类学术交流活动，如学术研讨会、前沿讲座等，为师生搭建思想碰撞的平台，拓宽学术视野，促使其突破思维定式。在教学中推行启发式、探究式教学方法，鼓励学生质疑、思考，培养学生创新思维能力。例如，在专业课程教学中，设置开放性问题，引导学生自主探索解决方案，锻炼学生创新实践能力。此外，高校要注重培养学生的自主学习能力，引导学生树立终身学习理念，使其在自主学习过程中不断追求知识创新，为学术研究与社会发展注入创新动力。

3. 完善成事成人的文化育人机制建设

文化育人机制是实现高校育人目标的保障。高校需构建全员、全过程、全方位的文化育人机制。在课程设置上，将文化教育融入专业课程与通识课程体系，挖掘专业课程中的文化内涵，如理工科课程中蕴含的科学精神、人文关怀等，通过跨学科融合教学，培养学生综合素养。加强实践育人环节，组织学生参与社会实践、志愿服务、实习实训等活动，让学生在实践中践行所学文化知识，提升解决实际问题的能力，实现"成事"。同时，注重学生品德修养培育，通过开展思想政治教育、心理健康教育、道德实践活动等，引导学生树立正确价值观，塑造健全人格，达成"成人"目标。建立文化育人评价体系，对育人效果进行科学评估，根据评估结果不断优化育人机制，确保文化育人成效。

4. 加强敬业创新的文化环境建设

高校文化环境对师生具有潜移默化的影响。高校要打造敬业创新的校园文化环境。在校园物质环境建设上，设计具有文化寓意的校园景观，如雕塑展示杰出校友的创新成就，激励学生以其为榜样。优化教学科研设施，营造舒适、便捷的学习工作环境，调动师生工作或学习的积极性。在校园精神文化建设方面，树立爱岗敬业的先进典型，通过表彰奖励、事迹宣传等方式，弘扬敬业精神。倡导创新文化，宽容失败，鼓励师生勇于尝试新方法、新思路。高校还可通过加强校园文化活动建设，举办创新创意大赛、职业技能竞赛等，营造浓厚的创新与职业发展氛围，让师生在良好环境中受到熏陶，培育敬业创新精神。

5. 建立崇能尚技的文化建设制度

制度建设为高校文化建设提供坚实的保障。高校应建立崇能尚技的文化建设制度。在人才培养制度上，制定与技能培养相关的课程标准、实践教学规范，明确学生应掌握的专业技能目标，强化技能训练环节。在师资队伍建设制度方面，鼓励教师提升实践技能，制定教师企业挂职锻炼、技能培训等相关标准，提高教师实践教学能力；建立技能评价与激励制度，对学生专业技能水平进行科学评价，设立技能奖学金、技能竞赛奖励等，激励学生积极提升技能。同时，完善校园文化活动管理制度，支持开展技能培养、技术创新类的文化活动，从制度层面推动崇能尚技文化在高校落地生根，促进高校文化建设持续健康发展。

（二）构建凸显职业性与技能性的文化建设长效机制

高校在文化育人工作中，其自身具有技能与职业的多元文化特质，需构建长效机制以实现培养技能型人才的核心目标。

1. 以学校精神为传承核心，塑造特色技能文化品牌

每所高校都有其独特的精神底蕴，这些精神底蕴在塑造高校特色技能文化品牌时发挥着关键作用。高校精神底蕴可能源自历史故事、杰出校友事迹，或是学校始终坚守的教育理念，像"务实创新""知行合一"等。

高校可围绕学校精神底蕴，全力打造技能培养体系。比如，有一所以"匠心筑梦"为精神底蕴的高校，在教学安排上，大量增加实操课程，让学生在反复练习中提升技能。实训基地完全模拟真实工作场景，学生在这样的环境里，不仅能掌握扎实的技能，还能养成严谨的工作习惯，弘扬学校精神。

2. 基于多元文化特质，遵循高校教育内在规律

高校是个文化大熔炉，来自不同地域、民族的学生汇聚于此，而且高校学科文化也丰富多样。基于这种多元文化特质，高校教育要遵循自身规律，在设置课程时，巧妙融入多元文化元素。

人文社科类课程引入不同文化背景下的经典案例，拓宽学生视野；理工科教学中，介绍各国科研成果，培养学生国际视野与跨文化交流能力。教学方法也要与时俱进，多采用小组合作学习，让不同文化背景的学生互相交流，在思维碰撞中提升学习效果；要尊重每个学生的差异，因材施教。

（三）彰显"技能立身、文化育人"的高校文化独特性

高校不仅要重视政治性与纪念性主题活动的组织，还要着力搭建技能文化展示平台与载体，将技能文化氛围融入各类主题活动，让学生在日常学习

生活中时刻受到技能文化的浸润与熏陶。

1. 开设高校文化大讲堂

高校文化大讲堂以其丰富的内容、权威的讲解，成为高校文化传播与知识拓展的重要阵地。高校文化大讲堂为师生搭建多元文化交流的高端平台。高校通过邀请学界泰斗、行业精英、文化名家等各界人士，围绕学术前沿、文化传承、职业发展等主题开展系列讲座。

在学术前沿讲座中，专家分享最新研究成果与科研思路，拓宽师生学术视野，激发科研创新灵感，助力高校学术水平的提升。文化传承讲座则深入挖掘传统文化、地域文化等内涵，增强师生文化自信，推动文化的传承与创新。职业发展讲座基于行业动态，为学生提供职业规划与指导，提升学生就业竞争力。

2. 建设职业素质教育基地

职业素质教育基地是高校培养学生职业素养与实践能力的关键场所。基地依据不同专业特点，模拟真实工作场景，配备先进的实践设备与教学资源。在基地内，学生参与实践课程、项目实训等活动，将理论知识应用于实际操作，锻炼专业技能。

同时，高校通过引入企业管理模式与职业规范，培养学生的团队协作能力、沟通能力、责任意识等职业素养。例如，工科专业的学生在基地进行工程设计、生产实践，提升工程实践能力；商科专业学生参与模拟商务谈判、企业运营项目，增强商务实践技能与职业素养。

3. 培育技能创新型社团

技能创新型社团是学生发挥创新活力、提升专业技能的自主组织。此类社团围绕专业技能与创新需求，开展各类活动。

比如，组织技能培训工作坊，邀请专业教师或企业技术人员为学生传授先进技能与操作技巧，提升学生专业水平。举办创新创意竞赛，鼓励学生运用所学知识提出创新性解决方案与作品，培养创新思维与实践能力。技能创新型社团还积极参与校企合作项目，将社团创意成果转化为实际生产力，实现技能提升与创新实践的有机结合，在校园内营造浓厚的创新氛围。

4.举办技能文化节

技能文化节是高校展示技能教育成果、弘扬技能文化的盛大节日。文化节期间，开展技能竞赛、成果展示、文化体验等系列活动。技能竞赛活动涵盖各专业领域，可以通过设置具有挑战性的竞赛项目，调动学生学习技能的积极性，选拔优秀技能人才。成果展示活动则集中展示学生的创新作品、实践成果，展现高校技能教育成效。文化体验活动通过技能表演、传统技艺展示等形式，传播技能文化，增强学生对技能的认同感与自豪感，促进校园技能文化的繁荣发展，提升高校文化育人的影响力。

参考文献

［1］苗青．"全员育人、全程育人、全方位育人"德育机制的实践探索［J］．河南教育（高教），2018（04）．

［2］张峻峰．推进新时代高校文化育人的逻辑进路［J］．中国高等教育，2021（Z3）．

［3］王思琳，罗玉洁．思想政治教育在高校文化育人体系中的价值选择［J］．青年与社会：上，2020（04）．

［4］张宪华，呼然，夏艳霞．新时代高校文化育人体系构建路径研究［J］．绥化学院学报，2022（09）．

［5］何江娜．基于高校文化育人的校园文化活动开展路径研究［J］．产业与科技论坛，2023（08）．

［6］张扬，张光远，郑德志．"三全育人"视域下构建高校文化育人协同机制创新研究［J］．黑龙江工业学院学报（综合版），2021（11）．

［8］民政部社会工作司．社会工作与志愿服务关系研究［M］．北京：中国社会出版社，2011．

［9］袁媛，谭建光．中国志愿服务：从社区到社会［M］．北京：人民出版社，2010．

［10］骆守俭．创业精神导论［M］．北京：高等教育出版社，2012．

［11］上海市学生事务中心．沪苏浙皖高校创业教育状况调研报告［M］．上海：华东理工大学出版社，2012．

［12］郭建宁．社会主义核心价值观基本内容释义［M］．北京：人民

出版社，2014．

［13］刘晓东．大学生社会实践理论与实务［M］．北京：高等教育出版社，2014．

［14］梁漱溟．中国文化要义［M］．北京：商务印书馆，2021．

［15］张岱年．文化与价值［M］．北京：新华出版社，2004．

［16］张岱年，程宜山．中国文化论争［M］．北京：中国人民大学出版社，2006．

［17］冯惟榘，金百芬．国学纲要［M］．济南：山东教育出版社，2011．

［18］韩延明．大学文化育人之道［M］．北京：高等教育出版社，2013．

［19］袁银传．价值观 核心价值观 核心价值体系［M］．武汉：武汉大学出版社，2013．

［20］侯长林．高校校园文化基本理论研究［M］．北京：人民出版社，2014．

［21］周双丽．高校传承红色基因、推进"四史"学习教育的研究［J］．学理论，2021（05）．

［22］刘欣．论红色文化融入高校思想政治教育的作用与途径［J］．佳木斯职业学院学报，2016（02）．

［23］曾长秋．论红色文化资源对大学生思想政治教育的有效融合［J］．延安大学学报（社会科学版），2016（01）．

［24］胡建，冯开甫．红色资源：大学生社会主义核心价值观教育的重要载体［J］．思想理论教育导刊，2016（01）．

［25］刘琨．红色文化的经济价值和品牌效益研究［J］．人民论坛：中，2012（02）．

［26］文澜．文化育人视域下高校校训文化的宣传教育路径探析［J］．

文化创新比较研究，2024（34）.

[27] 王婷婷，向艳.新时代高校校园文化育人的逻辑机理及路径优化［J］.江苏高教，2024（01）.

[28] 慎海歌.高校"四维一体"文化育人理论研究与探索［J］.当代教研论丛，2024（06）.

[29] 陈思羽，姚黎英.高校文化育人的研究现状及价值实践［J］.中共太原市委党校学报，2024（04）.

[30] 郭 傲."三全育人"视域下高校文化育人工作研究［J］.教育进展，2024（12）.

[31] 李秀萍.高校文化育人现状及优化策略探析［J］.北京青年研究，2024（06）.

[32] 沈又红，陈文东.高校文化育人共同体的构建逻辑，价值意蕴和实践路径［J］.当代教育理论与实践，2024（05）.

[33] 张涛，李振伟.党史教育助力新时代高校文化育人体系构建研究［J］.时代人物，2024（29）.

[34] 胡兵.中华优秀传统文化融入高校文化育人价值与实践探析［J］.江苏建筑职业技术学院学报，2023（01）.

[35] 杨云.新时代高校文化育人的内涵，功能与实现路径［J］.吉林广播电视大学学报，2024（03）.

[36] 魏春华.新时代高校文化育人机制优化研究［J］.知识文库，2024（05）.

[37] 左鹏军.论文化参与在高校文化育人中的作用［J］.现代教育论丛，2024（05）.

[38] 张静.中国革命文化融入新时代高校文化育人体系：价值与实践［J］.世纪桥，2023（12）.

[39] 郭阳，连政.中国共产党精神谱系融入高校文化育人的路径

研究［J］. 世纪桥，2024（10）.

［40］杜威，崔庆宇. 中华优秀传统文化融入高校文化育人的思考［J］. 中国报业，2024（06）.

［41］汪弘扬. 智能媒体时代高校文化育人路径研究［J］. 西部广播电视，2024（21）.

［42］何建新. 高校网络文化的育人功能及实现路径［J］. 船舶职业教育，2024（04）.

［43］何小梅. 论高校文化社区的育人机制［J］. 广东轻工职业技术学院学报，2024（04）.

［44］李冬雪. 高校文化育人实效评价指标体系构建研究［D］. 保定：河北大学，2023.

［45］邓子毅. 以文化人视域下提升高校思想政治教育有效性研究［D］. 西安：西安理工大学，2024.

［46］李敬丽. 新时代大学生文化自信培育路径研究［D］. 长春：长春中医药大学，2024.

［47］刘鸿畅. 高校文化育人协同机制新探［J］. 高校辅导员学刊，2024（06）.

［48］白冬梅. 中华优秀传统文化融入高校文化育人的价值意蕴和实践路径［J］. 山西能源学院学报，2024（03）.

［49］邹林林，刘洋，张喆. 高校诚信文化育人的实践路径——以沈阳农业大学为例［J］. 辽宁科技学院学报，2023（05）.

［50］郑伟旭，赵佳，张丽娜. 新时代高校文化育人模式研究［J］. 科教导刊（电子版），2023（14）.